我发现我自己

心的底层操作系统

艾伦 著

图书在版编目（CIP）数据

我发现我自己：心的底层操作系统 /
艾伦著．—北京：企业管理出版社，2020.7
ISBN 978-7-5164-2140-6

Ⅰ.①我… Ⅱ.①艾… Ⅲ.①心理学 Ⅳ.① B84

中国版本图书馆 CIP 数据核字 (2020) 第 085067 号

书　　名	我发现我自己：心的底层操作系统
作　　者	艾　伦
责任编辑	于湘怡
书　　号	ISBN 978-7-5164-2140-6
出版发行	企业管理出版社
地　　址	北京市海淀区紫竹院南路 17 号　　邮编：100048
网　　址	http://www.emph.cn
电　　话	编辑部 (010) 68701661　发行部 (010) 68701816
电子信箱	1502219688@qq.com
印　　刷	三河市荣展印务有限公司
经　　销	新华书店
规　　格	889 毫米 × 1194 毫米　32 开本　8 印张　153 千字
版　　次	2020 年 7 月第 1 版　2020 年 7 月第 1 次印刷
定　　价	56.00 元

版权所有　翻印必究 · 印装有误　负责调换

推荐序

有惊无险的旅程

阅读这本书不由让我想到了安东尼·罗宾、史蒂芬·柯维、坎贝尔等一众成功学作品，譬如《禅与摩托车维修技术》《意识光谱》。而本书则是通俗易懂的操作指南，给更多有志于改变人生的"斜杠青年"一张有路可循、能够拾级而上的路线图，非要类比的话，它大概就是"小米"说明书，简单明了，清晰异常。

书中观点的背后是很多相关知识，正是这些知识支撑了本书的价值。譬如，第一章的"提线木偶"是海灵格的家族系统排列理论，在人际关系心理学领域由埃里克·伯恩教授论证过。第二章的"自我保护"涉及情绪领域的知识，有兴趣的读者也可扩展阅读汤姆·斯通的《情绪精通》，本书作者是情绪能力运动的发起人。这本书以NLP（神经语言程序学）核心理论为基础，读者可由此获得进一步相关认知。

在我看来，这本书能带给大家心灵的启蒙，引导有心人进入心理学的殿堂，即是行渡舟于无涯之海，接引善缘。

人生如旅，有捷径之说、工具之说，然而殊途同归，到最后赶上车的没赶上车的也都有惊无险。天涯踏尽红尘，也是一笑作春温，纵是逆旅，我亦是行人。

慈脉中医第四代继承人
徐明之
2020年2月7日

代 序

走向未来的另一条路——连接

在我看来,这是一本关于连接的书,关于与已知我,与未知我,与未知我之外的连接!精神分析理论认为,连接就是疗愈、整合、突破……已知的我与未知的我,以及未知的我之外,连接得越多,越熟悉,我们就越有力量,越有格局,从而走向远方!

这本书所讲述的连接,是自动操作化的,读者通过本书讲述的故事、案例等,便可将自己与已知的我,与自己未知的灵性、情绪、思维、行为、家族史、伙伴……连接起来。

这本书里，还存在一种作者没有表述的隐性连接，那就是中国文化的一些符号。当您深入进去发现这些符号，相信您就会深深地爱上您的未来！

中国中医药研究促进会传统医学与性养生学专业委员会副会长
深圳市心理咨询行业协会副会长
深圳市觉本心理咨询有限公司创办人
心理学博士
张琨波

序 言

万物由心造

写这本书的源起是亲身感觉到心的力量实在太强大,然后就想,如果能完整地把这些心得写下来该多好,或许可以让很多人生活得开心快乐一点,或者哪怕只让几个人开心一点点,也是值得的。所以,我就开始了写作。

我自认为是一个智商和情商都一般的普通人,生于不富也不算穷的家庭,机缘巧合之下走进了培训行业,一做就是十多年。我还非常清楚地记得,刚进培训行业的时候,因为没有工作经验,从基层的电话销售开始做起的那段充满激情又异常痛苦的岁月。

大学毕业后，我无法压抑心中青春的热情与冲劲，四处奔波找寻工作，却找不到自认为的"好工作"，便跟着一个同学去面试，最后我面试成功，他却被淘汰，就这样进入了培训行业。从那时开始渐次走过了十多年。

凭着一股蛮力和冲劲，在培训公司做销售的时候，我的业绩每个月基本都可以排在前两名，被称为"乔·吉拉德"。慢慢地，我走上"膨胀"之路，然后离开培训公司，到实业公司做培训岗位，再到自己注册培训公司。

越到后面越发现培训所需的方法和技巧不够用，从此我走上了"修行"的道路。方法和技巧很容易获得，随便走进一家书店就能买到需要的书籍；也很容易模仿操作，只需按着书上的介绍照葫芦画瓢。然而很多事，用方法和技巧无法达成。

十多年来，我一直在培训这个领域，讲过不同的课，遇见不一样的人，但有一个评价始终如影随形，很多人认为，我这个人活在自己的世界里。我总是不受控制地用唐伯虎的诗句"接招"：他人笑我太疯癫，我笑他人看不穿。当然，这句诗的效果因人而异，对一些人而言，这就是清新脱俗的警世佳言；对另一些人而言，这就是傲慢。

走过千山万水，讲过千言万语，用过千方万计，受过千辛万苦，见过千人万人，才能理解佛祖所说：众生皆苦。我们生在苦中，却不知道什么是苦，为什么而苦？

很多人认为自己是自由的，哪里知道我们其实都是一个个提线木偶人，陶醉在自己的舞姿之中无法自拔，纠缠在长长的提线当中心乱如麻。

我不想用心理学的方式来向大家说明，也不想用哲学的方法来向大家展示，我希望用平实浅白的方式来向结缘此书的人揭示这些原理。让我们能够了解我们的潜意识，从而达到一些疗愈也好、觉醒也罢的效果。

希望结缘此书的读者，能更好地了解自己，向着自己的内在旅行，找到制约自己的那个"人"，解答我们是如何被"他"控制等一系列问题。

目录

推荐序　有惊无险的旅程
代　序　走向未来的另一条路——连接
序　言　万物由心造

第一章　你看过提线木偶戏吗 /1
　一　木偶为什么会跳舞 /2
　二　信念从哪里来 /5
　三　信念到哪里去 /9
　四　信念遮住了你的眼睛 /13
　五　信念一小步，成果一大步 /20
　六　三岁看到老 /25
　七　你是一名自导自演的演员 /30
　八　你的家族就是木偶戏的总提线 /34

第二章　我的自我保护在操控我 /41

　　一　　自我保护机制的工作原理 /42

　　二　　"我"在哪里 /47

　　三　　恐惧正在"保护"着我 /50

　　四　　对恐惧的拿捏恰到好处 /54

　　五　　焦虑正在"侵蚀"我 /57

　　六　　焦虑化解大法 /62

　　七　　固执正在"硬化"你 /69

　　八　　要坚持，不要固执 /74

　　九　　欲望正在"占据"我 /80

　　十　　无欲不代表无求 /84

　　十一　抱怨正在"奴役"我 /88

　　十二　不抱怨的世界 /91

　　十三　放下对自我的保护，就不会那么难过了 /95

第三章　决定我的是什么 /99
　一　　你要什么 /100
　二　　你的发心是什么 /105
　三　　你愿意挑战的是什么 /109
　四　　你愿意付出的是什么 /113
　五　　为自己负100%的责任 /117
　六　　没有人是你的避风港 /121
　七　　决定你的不是时间而是经历 /125
　八　　在经历中修行 /129
　九　　心的力量 /136
　十　　为自己发个大愿 /141
　十一　心的匮乏和不配得感 /145
　十二　心不唤物，物不至 /150

第四章　你的一切都是唯一的 /153

一　不要忘记人的属性 /154

二　成功恐惧症 /158

三　你是唯一的世界 /164

四　演绎、事实与真相 /167

五　目标、理想和欲望 /173

六　你的心变了，世界也变了 /177

七　万物都有重量 /181

八　自作自受的人生 /184

九　用一生来修正自己 /188

十　玻璃心 /191

十一　活在当下 /195

第五章　向你的操作系统输入什么 / 199
　　一　你的底层操作系统是什么 / 200
　　二　信任的力量 / 204
　　三　你是对的，那又怎么样 / 209
　　四　利他，比你想象的难很多倍 / 214
　　五　自利利他 / 217
　　六　向一切无条件敞开 / 220
　　七　做事和说事 / 225
　　八　对一切保持平等心 / 229
　　九　诸行无常 / 234
　　十　从无到有再到无 / 236

第一章　你看过提线木偶戏吗

在现实生活中，我相信很多人都认为自己是自由和自主的，所有一切都能操控在手。但事实上，我们却总是无法主宰自己。

在我的体验式训练中，我会请觉得自己自由的学员举手。结果大部分人都会举手。但是，随着对"信念"的揭示和课程的深入，大家便会发现原来自己都被一只看不见的"手"所操控。

通过阅读本章内容，我们可以看到很多原来看不到的东西，明白自己为什么会如当下这般说话行事，找到自己的人生是现在这个样子的原因。一个人会受自己的信念支配，一个家族会受家族信念的支配，想要突破，是何其困难！

我发现我自己：心的底层操作系统

一 木偶为什么会跳舞

看木偶戏的时候，镜头只对准木偶，我们看到的就只有木偶本身。木偶越多，再配上音乐或对白，木偶戏就越有趣，我们就越觉得逼真，也就会越投入。有人会捧腹大笑，有人会拍手叫好，有人会潸然泪下，有人会陷入沉思，不同的戏带给观众不同的情绪，达到不同的效果。

那么，我想问，木偶为什么会跳舞唱歌？

小孩子看到木偶戏的时候，会觉得很新奇，觉得好玩有趣，会认为木偶是会唱歌跳舞的。他长大了才明白，原来不是木偶会唱歌跳舞，而是有人在背后牵着线，控制木偶做出各种动作，演各式各样的戏。如果木偶是我们自己，会不会也有一个人在幕后操控着我们这副肉身，让我们说这样的话，做那样的事，还让我们认为这就是我们生命本来的轨迹呢？

木偶没有喜怒哀乐和思想，木偶的表现都来自提线人的表达，提线人想表达什么，木偶就做什么，时刻和提线人保持同步，丝毫

第一章 你看过提线木偶戏吗

不能违背提线人的意愿。同样一个木偶换了人操控可能就有了不同的表现，但还是不能违背提线人的意愿。

在观众眼中，木偶是自由的，因为它想哭就哭，想笑就笑，我想，如果木偶有思想，它可能也会认为自己是自由的。我们人不是木偶，是活生生的，是有思想的，但在我看来，人和木偶在某种程度上没有区别，因为都被操控着。

现在我描绘一幅场景：30个提线人和30个木偶组成一个团队，木偶们做总经理、财务、出纳、销售……各自分工明确地组成一家公司。然而，木偶人只是表象，关键是提线人，如果做销售的那个提线人不变，那么无论哪个木偶人扮演销售的角色，业绩都是一样的。

也许，我们每个人都是木偶人，有一个提线人在我们看不见的地方一直操控着我们。30个木偶人一起创业，看似是木偶人与木偶人之间的交流，其实却是提线人与提线人之间的沟通。你看，那个担任总经理的木偶人正在发火，正在以他的方式给员工开会；你再看那个不务正业的销售人员，一副无所谓的样子，这已经是他的第三份销售工作了，每次都是业务不达标，态度不好被公司辞退。这就像一台台遥控赛车，不论转弯、超车、刹车，看似是它们亲自完成的，其实都有一个手拿遥控器的人在幕后操控。

一名魅力十足的领导者，在任何一个行业、任何一家公司，

我发现我自己：心的底层操作系统

都可以团结一群人，完成看似不可能完成的任务；一个遇到困难容易退缩的人，总会为失败找理由；一个业绩不好的销售员，为自己换了五份工作依然业绩不好而发愁。木偶人相互之间可以说没有差别，但表演的能力大有差别。人其实也是标准化产品，器官的功能都差不多，但每个人的能力和想法大不相同。这是为什么呢？木偶人的表演能力不同，是因为提线人的技术不同；人的能力和想法不同，是因为人的"提线人"也不一样。

木偶就是傀儡，有一只看不见的手在操控它，我们也是傀儡，会有一只看不见的手操控着我们。对我们而言，"看不见的手"不是某个人，而是——信念。信念就是那只看不见的手，就是提线人，我们的所作所为都被它操控。它并非肉眼可见，它不是一个实体的存在，它像提线人一样神秘，躲在幕后自始至终操控我们。提线人没有长进，技术不好，换木偶人是解决不了问题的；同样，业绩不好或思想不端正，如果信念不能转变，换工作也是改变不了的。

《三国演义》中，有一次诸葛亮看到敌军的排兵布阵说：兵还是那些兵，将也还是那些将，但一看便知道大都督换人了。原来，本是曹操的亲戚曹真掌兵，后来换成了司马懿掌兵，诸葛亮才会有此番话。木偶人就是士兵，排兵布阵变了，诸葛亮一看便知道换了提线人。

二　信念从哪里来

生活在农村的人，应该看到过，牛在田里吃草，放牛人会把牛绳绑在一根棍子上，棍子插在田里，那头牛就会在以棍子为圆心、绳子为半径的范围里吃草，不会越界，更不会撒腿乱跑。难道它不想吗？这个我不敢肯定，因为我不是牛，但我敢肯定的是，它完全有挣脱的能力。它为什么不挣脱呢？

这个我们得从"开始"的时候说起，这头牛小的时候就被拴在绳子上，绳子绑在棍子上，棍子插在田里，小牛的力量不足以挣脱绳子，挣脱一次，它的鼻子就痛一次，再挣脱一次，鼻子就又痛一次，一次次挣扎失败，一次次血淋淋的经验教训，这种挣扎带来的痛感慢慢就在它的脑袋里形成了一条信念，或者说是一条规则：挣扎=痛=失败。

牛一天天慢慢长大，这条信念，这条规则一直在这头牛的脑袋里，哪怕它已经完全具备了挣脱棍子的能力，它也不会再去尝试。它的信念告诉它：为了自我保护，为了避免挣扎的痛和失败，最好

我发现我自己：心的底层操作系统

的方法就是不要挣扎，在以棍子为圆心、绳子为半径的圈内吃草是最安全的，不会有痛，也不会有失败。

牛是这样，人亦然，当然，人是更复杂的。人也会因为发生过的一些事实而产生信念，一旦某个信念产生，如果没有觉察和改变，就是永恒的。但凡和这条信念相悖的一切，都是错误或应该被消除的；但凡和这条信念接近或相同的，都是对的或值得坚持的。

可见信念来自亲身经历，那么别人的经历可以成为我们自己的信念吗？答案：可以。举个例子，一个女孩儿从小生活在父母经常吵架的家庭中，伴随她成长的就是父母的争吵声。慢慢长大以后，她身边的姐妹也经常因为和另一半吵架向她倾诉。她的经历就是父母的争吵和姐妹的倾诉，她自己没有亲自经历，但也会对婚姻很失望甚至感到恐惧。类似男人不可信、婚姻不靠谱的信念，深深扎入了这个女人的信念，在恋爱或情感的世界里，她会有意无意产生抗拒。对她而言，不婚和离婚的概率就会很大。

别人说的话会成为我们的信念，越亲近的人说的话，越容易成为我们的信念。《倚天屠龙记》中殷素素死前抱着张无忌意味深长地说："你长大之后，千万要小心漂亮的女人，越漂亮的女人就越会骗人。"张无忌为数不多的亲人里，母亲的话自然会被当作"圣经"一样看待。而在母亲死前这个特殊的场景里，母亲的这句话，可想而知对张无忌来说影响有多大。所以，张无忌长大后碰到漂亮的女人就会想："她是不是在骗我？"

　　人出生以后最早接触和接触最多的人便是爸爸妈妈。我们出生之前没有任何认识和信念，出生以后，认识和信念才得以"安装"。父母对孩子的思想、认识和信念有优先"安装权"，是对孩子"源头"产生影响的人，对孩子的影响巨大。我们的很多人生信念都来自我们的家人，所谓"龙生龙凤生凤，老鼠的儿子生来会打洞"便是这个道理。如果父母是打工者，就会把自己如何找工作，如何不失败，如何获得稳定的生活一类的经验毫无保留地传递给孩子。孩子长大后，假如有一天他去创业，三个月没有收入父母就会很着急，如果此时他亏了钱，想从家里拿钱来支撑，先不谈父母有没有能力支持，单从投支持票或反对票上，这个孩子就已经输了一局。如果父母是创业者，便会教孩子如何创业，不要害怕失败，要有放长线钓大鱼的远见，那么，单从投支持票或反对票上，他们的孩子就已经赢了一局。

　　我们无法完全脱离自己在原生家庭和环境的影响下产生的信念。父母的出发点都是好的，不能说打工的家庭好还是创业的家庭好，能说的是，我们都将受到身边环境信念的影响，所以我们一定要和有正能量的人在一起，向比自己更厉害的人请教，要非常小心谨慎地对待进入我们思想的东西。

我发现我自己：心的底层操作系统

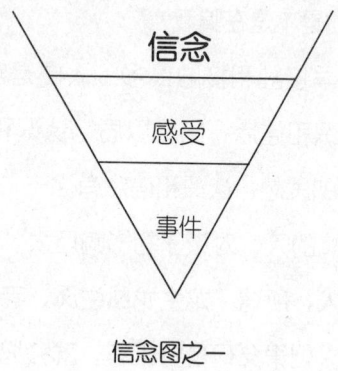

信念图之一

根据上图（信念图之一）再结合前面的讲解，可以看到，我们的信念来自感受，感受来自某个事件的发生。信念的产生不是空穴来风，一定是从事件当中而来。被绑在棍子上的这个事件给了牛痛和失败的感受，让牛产生永远无法挣脱棍子的信念。

如果我们对上图有足够认知，就可以将之运用到工作和生活之中，以此去了解一些人。运用往往是倒过来的，因为我们无法直接知道所面对的人过去曾经经历过什么事，但可以通过他的一些表现推理出大概。在生活当中，我们经常会听到某个女士说"男人靠得住母猪能上树""天下乌鸦一般黑"这样的话，这些话就是一个信念。通过这个信念我们大概就能知道，她的情感经历中发生过一些不愉快的事，给她留下了痛苦的感受和体验。

第一章　你看过提线木偶戏吗

三　信念到哪里去

　　信念不会空穴来风，它是从事件中得出的经验或总结。因为是发生在我们自己身上的事件，也是我们亲自得出的经验或总结，那么我们就会"咬定"我们的信念就是事实甚至是真理。

　　一旦产生了信念，我们就会信奉这个信念，并把它运用在工作和生活之中，从这个角度来讲，不论他是谁，活在什么样的信念里，他都是有"原则"的人，甚至说是原则性很强的人。

　　每个人的人生成果都不一样。我有一个女性同事，有时你会想，她怎么会嫁给那样的男人？在我们创业的合伙人当中，她非常有亲和力，执行力也相当强，做事风风火火，脸上时刻挂着微笑，我从来没看见她有生气或郁闷的时候。后来在闲聊中得知，她的丈夫是一位技术员，收入比较一般，夫妻两人经常会因为意见不一而争吵，她总觉得他太平淡无味。我一直非常不解，因为在我的认知里，像她这样的女人，应该会嫁给一个比她更有能量和格局的人，怎么会嫁给一个"呆板和固执"的技术员呢？这样的人在她相亲的

我发现我自己：心的底层操作系统

时候肯定第一时间就会被她拒绝。不仅是我，我们的合伙人中很多人也有这样的想法。

后来她为我解开了这个疑团。她说她小时候在农村长大，家里很穷，要种地，还吃不饱。看到城里人不用种地，而且还有好的工作，渐渐她就有了一个想法，等长大以后一定要嫁到城里去。她不想一辈子在农村种地，她不想再那么辛苦，这种想法越来越强烈。我认为，这已经成了她当时的信念。所以，她长大寻找伴侣时首先关心的是对方是什么户口，农村户口的一概不考虑，后来几经介绍，找到了一个城市户口的男人就嫁给了她。这么讲来一切都合情合理了，她选择这样的伴侣完全是因为她的信念。

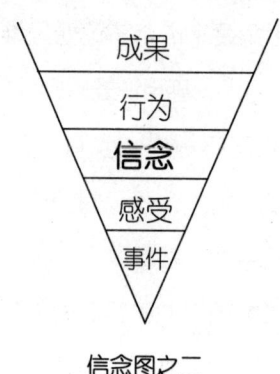

信念图之二

根据上图（信念图之二），再结合我们合伙人的经历来看：她的信念从小时候种地的事件中来，种地给了她很辛苦的感受，她不想那么辛苦，所以她形成了想要嫁到城里的信念，接下来她所有找结婚对象的行为都符合她的信念，最后她如愿地嫁给了一个城里人，这便是成果。

我们同样可以把对上图的认识理解运用到生活和工作当中。如果你经常参与到不同的人群中，会发现人群有区分的原因正是因为信念不同，正所谓"道不同不相为谋"，信念不同的人是走不到一起的，走到一起的人信念基本相同。比如，已婚妇女之间总是更聊得来，因为她们经历的事情、看问题的角度相对更相似，所以感受和信念也会偏向一致。

信念从我们平时经历的事件中来，反映在当下的行为和未来的成果之中，当下的行为其实也是过去行为的成果，每一个人都得遵循着这样的规律。我们能看到很多人的成果不好，或当下的行为表现不好，并不是他们不努力或不积极，而是他们的信念和想达成的成果不在一条路上。比如，我相信大部分人都希望自己能拥有足够多的财富，但很多人的信念并不是无论如何一定要成功，他们也不能越挫越勇，而更多是听天由命，也就受不得困难和挫折，可这样又怎么能成功呢？

一起经营企业的伙伴讲究价值观一致，谈婚论嫁的双方讲究投缘，其实都是一个意思，就是追求信念一致，因为只有信念一致，步调才能保持一致。信念不同，行为就会不同，那么企业经营就会陷入内耗，夫妻双方就会产生隔阂。生活当中夫妻为了菜的咸淡或分量多少一类的小事争吵，往大里看，其实就是双方的信念不同。我有个朋友的妻子是北方人，做菜往往分量比较大，而朋友一家是南方人，普遍做菜分量比较小，这样婆媳矛盾就发生了。

第一章 你看过提线木偶戏吗

四 信念遮住了你的眼睛

几乎所有成功人士，都有一个克服困难直到成功的信念。人与人的差别真的很小，但就是那很小的差别拉开了人与人之间的差距。我听过非常多成功人士的演讲，他们的表达各有不同，也各有侧重点，但有一样东西是差不多的，就是他们对成功的无比渴望，他们真正做到了信念不倒，就有希望。

在一次采访中，有人问乔布斯是否想过放弃，乔布斯回答，最早几年还是挺痛苦的，但他觉得最重要的事情是，如果你要创建一项新事物，你必须充满热情，因为这真的很难。创建一家新公司是件很难的事情，你必须很努力，如果你没有热情，你肯定会放弃。成功的人和没有成功的人的最大区别就是，那些成功的人不放弃，失败的人都很快放弃。

2016年有一部电影叫《血战钢锯岭》，1942年的太平洋战场上，军医戴斯蒙德·道斯不愿意举枪射杀任何一个人，他因为自己的和平理想在部队里遭受其他战士的排挤和嘲笑。尽管如此，他仍

我发现我自己：心的底层操作系统

坚守信仰及原则，孤身上阵，无惧枪林弹雨，誓死拯救仅有一息尚存的战友。数以百计的同袍伤亡惨重，他一人冲入战场，不停地祈祷，乞求以自己的绵薄之力再救一人，再救一人，再救一人……最后75名受伤战友被他一人奇迹般地运送至安全之地，得以生还。

这部电影的海报上写着：12月8日，不惧信念。我在电影院看了异常感动，戴斯蒙德·道斯坚持不拿枪杀人的信念和再救一个战友的信念，为人简单又坚韧。平时我们喝茶聊天，朝九晚五上下班，也许不会觉得信念有多么重要。然而在战场上面对枪炮的时候，想成就事业的时候，所有的聪明才智用尽的时候，能够继续支撑你前行的唯有信念。我们这些木偶人，一定要与那个提线人步调一致，也就是要坚定信念，这样，我们才能一往无前，才能超越智商和情商，获得逆境商。

正向的信念是我们都推崇的，可是任何事物都有两面性，水能载舟亦能覆舟，信念支持我们的同时，也会束缚我们，这正是信念的一体二面。成功人士和普通人的区别就在于成功人士能够突破信念的束缚，享受信念带来的支持，普通人却被信念束缚多，支持少。我们常能听到有人说"我不行"，正是这么一句简简单单的话，它严严实实地束缚和限制着我们。

我经常会听到有些父母对自己的孩子说"你不行""你还小""你不懂""你真是个笨蛋"，父母随意的话，会在孩子的心

第一章　你看过提线木偶戏吗

里种下否定自我的种子，给孩子贴上自我否定的标签，这颗种子会一直伴随着孩子长大。也许是因为孩子做错了一道非常简单的数学题，他的爸妈就说他是笨蛋，真是不行。那么也许，这颗"我不行"的种子，不仅在做数学题的时候会跑出来束缚他，在其他学科的学习中也会跑出来否定他，甚至在他长大后工作、恋爱时都会跑出来否定他，让他产生自卑的心理。

有副对联，上联是"说你行你就行不行也行"，下联是"说你不行就不行行也不行"。所以，如果你要培养一个人，就要多肯定他，告诉他要加油、要相信自己。过多的否定和打击会毁掉一个人，让他变得自卑和懦弱。

也许你会反驳我说：只能接受鼓励，不能接受否定和打击的人怎么能够成功呢？我承认，这个反驳很有道理，但我们要明白，现实生活中，并没有那么多人心理强大到可以接受挑战和突破"幻术"。更多的人就像树苗一样，需要阳光和雨露，在这个阶段不是不能被否定，而是承受不起狂风暴雨，只有等到长成参天大树的时候，才具备承受否定和打击的条件。所以，我们说话要小心谨慎，要呵护好身边人的内心，因为我们说的每一句话都有可能束缚别人。对越信任你的人应越谨慎，因为他们会更重视你的话。正所谓：你说的每句漫不经心的话，全在我心上，开成了漫山遍野的花。

一个小和尚抬头看着天空说："天好大啊！无边无际！如果要

我发现我自己：心的底层操作系统

把天遮住的话，得要多大的布啊！"

老和尚走过去，用手挡住了小和尚的眼睛问道："天遮住了吗？"

小和尚说："嗯，天黑了。"

遮住小和尚眼睛的手就是束缚性信念，这种信念有几个特点。

第一个特点是先入为主。就像那个小和尚一样，认为遮住天必须用很大的布，他没有想到，只要遮住眼睛就遮住了天。小和尚用布遮天的信念束缚和限制了用手遮住眼睛的可能性。人确立了某个信念以后，想要再改就很困难。如果你经常告诉你的员工"你不行"，这名员工就会慢慢陷入自卑的泥沼，别人再告诉他"你行的""你一定可以的"，他心里马上就会有一个声音出来对抗说"我是不行的"，这两股力量会反反复复在他心里斗争，往往"我不行"这个信念会占上风。

第二个特点是公式化。一名销售员销售业绩不好，他的领导经常说"你不行"，说多了以后他就真形成了"我不行"的信念。于是他不仅在面对客户时受这个信念的影响，也会把这个信念公式套用在其他方面，比如恋爱、面试、运动比赛……

第三个特点是排他性。排他性也就是自我保护性，我们既有的信念会主动地排除和消灭任何企图否定和站在它对立面的"声音"，也会主动出击那些它认为对它可能有威胁的"声音"。比如，两个人在争吵，你旁听发现两个人都挺有道理。那么，为什么两个人都有道理还要争吵呢？旁观者听到的往往是内容，而两个人争吵是因为双方都感觉对方的想法威胁到了自己的信念。所以，我们在和别人沟通的时候可以先谈论对方关心和喜欢听的内容，满足了这个前提，才能有效推进后面的讨论。如果一开始就说对方不想听的、与对方信念不相符的内容，那么再有道理都是白费，对方总会绞尽脑汁找到你话中的破绽来反驳。这就是为什么我们往往带着良好沟通的心态，最后却变成了辩论的原因。

第四个特点是延续性。信念并不是一成不变的，是可以被调整的，只是在没有自我觉察前，我们认为自己所树立的信念就等同于"真理"，它不可撼动、不容否定。

动物园着火了，所有动物都逃跑了，为什么大象被烧死了？

看过视频《黑象》的人很容易萌生终生不骑大象的想法。100年前，泰国有大约30万头野生大象，10万头人工驯养的大象。而现在，泰国只有不到1500头野生大象和3500头人工驯养的大象。被驯养的这些大象大多被用于旅游业，而训练它们的过程非常残忍。

驯象师们采用一种传统驯象手法，大象在很小的时候就被驯象师带走，被迫与母亲分离，它们被关在非常小的笼子里，只能站立，无法自由活动。然后，驯象师会不断用矛去刺小象，给它们很少量的食物和水。长时间肉体和精神的折磨后，驯象师会开始喂小象食物，骑在它们的背上，训练它们做指定的动作。对于倔强不听

我发现我自己：心的底层操作系统

从指令的小象，驯象师不断地增加体罚，更有甚者，还会给大象的脚上钉钉子。钉子取出来之后伤口会痊愈，当大象不听话时，只要用力戳刺那个伤口，大象就会顺从。在经历不断摧残后，大象们放弃了反抗，无比服从。于是，动物园着火时，大象都无法挣脱一根草绳，最终只能葬身火海。在大象的信念中，挣脱绳子的"痛"，远远大于被活活烧死的痛，所以它宁愿被火烧死也不去挣脱绳子。

在体验式的训练课程中，我经常会问女学员一个问题："认同天下'乌鸦一般黑''男人没有一个好东西'的请举手。"不管班上的学员是多是少，都会有人举手。

我继续问道："你们举手的人，曾经发生了什么？"接着大家都笑了。

然后我会拿一张A4纸，在上面写上"不是好东西"，邀请一位举手的女学员起身，走到另外一位男学员面前，我把A4纸贴在那个男学员的脸上，然后问女学员："他是谁？"

她看到那张纸，会说："不是好东西。"

然后再带那个女学员到另外的男学员面前，重复之前的动作。不管走到哪位男学员的面前，那个女学员看到的都只是那五个字"不是好东西"，所以只要是男的，就等于不是好东西，和那个男的是谁无关。可能过往经历使这名女学员不信任男人，这和她后来遇到的男人是否有问题无关。她的这个信念对我们来说就是挡在小

18

和尚面前的手，让小和尚只看到手掌，看不到整片天。

手掌真实存在吗？当然真实存在。天真实存在吗？当然也存在。如果只看手掌，那么"手掌"就是"天"，也就是"手掌＝天"。这个等号就很好地说明了信念的特点，一旦两件事画上等号，比如"A＝3"，那么我们就会否定3以外的任何数字是A，这就是限制性信念。拴住大象的并不是那根绳子，而是它脑袋里的信念，这个信念就像老和尚的手一样，遮住我们的眼睛，让我们感觉"安全"和"正确"地活在"牢笼"里。

我发现我自己：心的底层操作系统

五　信念一小步，成果一大步

小时候，我经常听大人们说我"脑筋活络，吃得开"，意思就是我想问题比较灵活，不会死磕，容易走得出去，受欢迎。反过来，在生活中我们会发现有很多"老顽固"，这和年龄有一定关系，一个人年纪越大，对与自己信念相悖的声音就越难接受，对新鲜事物的接受度就越低，甚至无法接受。信念就像一条"护城河"，保护着城里的"子民"。

社会越发展，人们的开化程度就越高，事物保持新鲜的周期就会越短，生活节奏就会越快。比如，以前交通不便，车马很慢，书信往来不容易，而现在不管你在世界的任何角落，一个微信，一个电话，一个短信都可以迅速与你取得联系。

比如网购，十几年前谈网购就是个笑话。问题1：买家看不到实物，不知道东西好不好？问题2：看不到卖家，也不认识卖家，凭什么相信他？问题3：快递也不方便，要是被骗怎么办？这些问题，其实是我们心里的信念，也就是平时购物习惯带来的。但今天，网购

第一章 你看过提线木偶戏吗

对我们已经和呼吸一样平常。

同样，在用手机打开一个网页都要很长时间的年代，我觉得手机怎么可能用来玩电子的游戏？真是天方夜谭，痴人说梦。所以，我自己买第一部手机的时候，店家推荐了两款手机，一款是普通的翻盖彩屏按键手机，另一款是智能手机，没有按键，而代之以触摸屏。我当时一边挑选一边想，这触摸屏手机好是好，但要是坏了，维修费可能会很高，而且估计技术和硬件也不成熟。为了安全和省事，我选择了翻盖手机。这看似是明智的选择，其实是一个坚守过去信念下的选择。要是我当初换一个想法：既然已经有了触摸屏的手机，何不试试，说不定更方便更好用？我对接下来智能手机快速的发展就不会那么惊讶，也许从此就走上了一条拥抱变化的路。

所以，信念改变一点点，成果就可以改变很多，从下面的图中可以看出来。

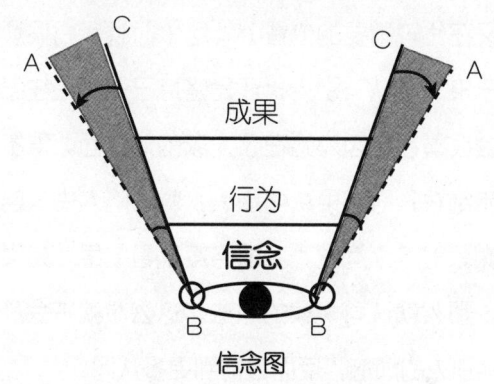

信念图

从实线（BC）到虚线（BA）的扩张，就产生了灰色的区域。其实BA线和BC线形成的夹角很小（圆圈处），而从A到C的距离却很大。换句话说，BA线和BC线越长，A与C之间的区域就会越大。人的信念扩展一点点，此后的成果就会大很多。

对于规则，比如上班迟到的问题，60后、70后比较重视，而80后、90后会觉得为什么不能迟到，迟到了又能怎样？所以，现在企业管理仿佛越来越难。因为90后的信念，并不像60后、70后那么看重规则，对于上班是否迟到没有那么重视，觉得迟到无非是扣点钱而已。因而，考勤难管理看似是一个管理问题，但根本上是管理者与被管理者之间的信念偏差问题。管理者要求固定时间上下班这个不可撼动的信念和被管理者认为上下班时间无所谓的想法之间产生了冲突。

我们往往会遇到类似的情况，自己想的和大家想的不一样，而自己偏偏又在比较重要的位置上，这个时候我们很烦恼，到底是"推翻"自己来"屈从"别人，还是坚持己见？往往怎么选择都很痛苦。坚持会很痛苦，因为站在了大家的对立面，得不到支持和认可，做事举步维艰；可如果认可别人，就会陷入失去自我、失去主见的感觉深渊。对这个问题，我的答案是看成果，如果坚持己见不能达到目的，那么就认可大家的想法。这么想就不会产生选择坚持己见还是屈从别人的烦恼，反而会得到更多认同。

第一章 你看过提线木偶戏吗

所以，现在有些公司纷纷出台了新的考勤制度，比如上班时间为8：30~9：00，每超过八点半1分钟上班就推迟1分钟下班。这样的考勤制度深得80后、90后之心，能够深得人心就能激发干劲，就能出成果。以往的迟到扣钱、早退开除的方法，会让年轻人觉得上班像是坐牢，管理者也会因为这些小事的管理痛苦不已。

下面我们来看一下哈佛著名的案例教学法中的一个具有测试性质的案例。

请根据下面三家公司的管理现状，判断它们的前途。

公司A：8点钟上班，实行打卡制。迟到或早退1分钟扣50元；统一着装，必须佩戴胸卡；每年有组织地搞一次旅游、两次聚会、三次联欢、四次体育比赛，每个员工每年要提四项合理化建议。

公司B：9点钟上班，但不考勤。每人一个办公室，每个办公室可以根据个人的爱好布置，不会有人制止你在走廊的白墙上信手涂鸦；饮料和水果免费敞开供应，上班时间可以去理发、游泳。

公司C：想什么时候来就什么时候来。没有专门的制服，爱穿什么就穿什么；也可以把自家的狗和孩子带到办公室；上班时间去度假也不扣工资。

统计有96%的人认为第一家公司会有更好的前景。

那么我们来看一下这三家公司的真实身份。

公司A：广东金正电子有限公司。1997年成立，是一家集科

我发现我自己：心的底层操作系统

研、制造为一体的多元化高科技企业。2005年7月，因管理不善，申请破产。

公司B：微软公司。1975年创立，现为全球最大的软件公司和美国最有价值的企业之一，股票市值5000亿美元以上。

公司C：Google公司。1998年由斯坦福大学的两名学生创立，目前每股股价超过1000美元，是几乎唯一一家能从微软挖走人才的公司。

我想那96%的人选择第一家公司是受知识、认识和常识等很多因素的影响而做出选择的。世界是动态的，公司是动态的，每个人都是动态的，只有以发展的眼光来看待和思考动态的世界，才能得以发展。

经验，确实可以带给我们很多方便，同样也带给我们很多限制，经验的价值和实用性已经和快速发展的世界成反比，社会发展越快，经验的价值就越小。就像《羊皮卷》中说的那样：经验的价值往往被高估了，人老的时候开口讲的多是糊涂话。

最好的方法就是运用我们的经验、知识、认识、信念……而不局限于经验、知识、认识和信念，在特殊的情况下还需要我们及时调整自己的信念去获得能够达成成果的信念。不要轻易下结论，也不要轻易说不可能，往往是你向信念打开了一个小口子，便能得到去往崭新世界和无限空间的机会。

六 三岁看到老

很多老人会说"三岁看到老"。我相信很多人对这句话持怀疑或不解的态度,人在变,环境也在变,为何三岁就能看到老?从小就能定一生?

我用两张图来解释为什么会说"三岁看到老"。

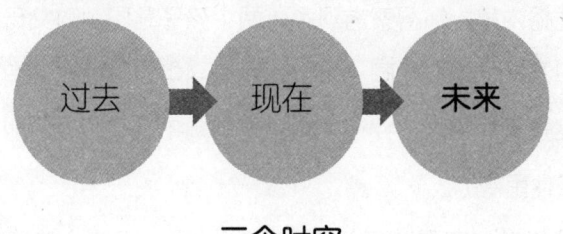

三个时空

上图的三个时空,表现了一个相互转换的过程。

当我们说现在的时候,现在已经成为过去;当我们说未来的时候,下一秒的未来成为现在,马上又变成了过去。所以,过去就像一条贪吃蛇,永远在吞噬现在和未来;现在就像一个转换器,不停转换

我发现我自己：心的底层操作系统

未来；未来像一颗遥远的星星，无论怎么追逐永远也追不上。

我们无法看到一个人的过去和未来，能看到的只有现在，而现在是连接过去和未来的管道，所以当我们看到三岁孩子现在的表现，大概就可以知道他的过去和未来。

那么这个"孩子的现在"是怎么看出来的呢？

很多人都说孩子生来是一张白纸，想画什么都可以，其实孩子并不是什么都没有，如果是张白纸，白色便是基本色，而并非什么色彩都没有。人的天性就是人的基本天赋，在此基础上我们可以画上花花草草。以我的两个儿子为例，两个孩子的性格不一样，准确地说，是天性各不相同，大儿子性格开朗外向，天不怕地不怕，小儿子性格内敛，懂得察言观色。两个孩子是同一对父母所生，同一对父母教养，生长在同一个生活环境当中，为什么会有这些不同呢？答案是天性不同，性格内向还是外向不是我们教给他们的，而是他们天性里带的。

孩子带着他专属的天性来到这个世界，再结合他在生活环境中树立的信念，就形成了"孩子的现在"。根据这个时候孩子的呈现，经验丰富、阅人无数的长者就可以知道他的信念，判断未来孩子的"表现"（信念图中的成果）。

据说，黄金荣曾说过一句话：我死后上海滩就是他的了。黄金荣说的"他"就是大名鼎鼎的杜月笙。

第一章 你看过提线木偶戏吗

黄金荣是20世纪初上海滩的龙头老大。他曾担任华人在上海法租界的最高职务——探督察长，相当于警察局长。在黄金荣之前，这个职务一向被法国人垄断，根本就轮不到华人来做。黄金荣不但做了，还一做就是20多年。

杜月笙是黄金荣之后的另一个龙头老大。杜月笙也是一个传奇人物，1931年6月9日至11日，杜月笙在新落成的杜家祠堂摆堂会，蒋介石、张学良、宋子文、孔祥熙等当时的权贵，无不送上祝词、匾额，或者亲临现场。

有趣的是，杜月笙在发迹之前，曾经投靠到黄金荣门下。黄金荣门下像杜月笙这样的小弟，没有一千也有八百，杜月笙本身又其貌不扬，所以黄金荣在很长时间内对他都没有什么印象。当然，是金子总会发亮的。一件小事，让黄金荣对杜月笙刮目相看。那是1910年，要过年了，黄金荣给手下的小弟们发钱，毕竟这一年来，他们跟着自己辛苦了。那一年黄金荣特别大方，给每个小弟发2000大洋，晚上还请他们喝酒。2000大洋是什么概念呢？在当时足以到乡下购买上百亩良田。

小弟们拿到钱后，都很高兴，兴高采烈地等着和黄金荣一起喝酒。只有一个小弟拿了钱后，马上跑了出去。黄金荣觉得奇怪，就派人跟踪他。不一会儿跟踪的人回来报告，说那个小弟跑到陆家嘴的金桥，把分到的钱全部给了下面的小弟。

黄金荣听了，沉默良久，最后说了一句话：我死后上海滩就是他的了。

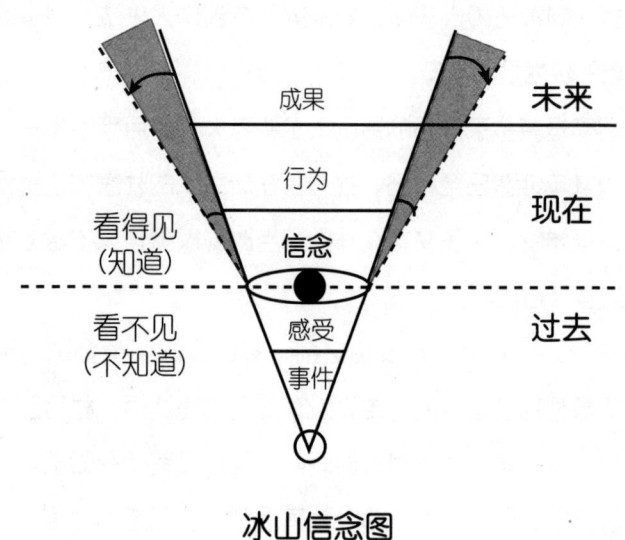

冰山信念图

我们所说的"三岁看到老"，一方面是说，看到三岁小孩的表现就能看到他未来是怎样的，另一方面也指在一件事开始的时候，就能判断结果怎么样。对黄金荣这样身经百战的人，看杜月笙现在的行为——把2000大洋全部分给小弟，就能预测杜月笙未来的成就——上海滩将会是杜月笙的天下。

有一次，我和我妻子说，大儿子长大以后会出去创业，不会愿意留在家里，小儿子会像小棉袄一样留在我们身边。"三岁看到

第一章 你看过提线木偶戏吗

老"并不是看到未来所有的细枝末节,而是看到大概的方向。这可以用在企业中对人才的培养上,通过了解新人的价值观或信念,就可以知道这个人是否值得我们培养,往哪个方向培养,这也是"三岁看到老"。招聘也是一样,通过面试者以前的工作经历,比如这个人一年换了三份工作,HR就可以判断这个人近一段时间还不稳定、不能用;如果一个人在一个岗位上工作了10年,就可以判断这个人太稳定,接触新鲜事物和学习的机会就少,要进一步了解才能确定是否录用他。

我发现我自己：心的底层操作系统

七　你是一名自导自演的演员

　　我在体验式的课程中，会问学员一个问题：人生有选择还是没有选择？选择"有"的人站一列，选择"没有"的人站一列，然后辩论。在刀光剑影、唾沫横飞中，总体来讲选择"没有"的一方会赢。

　　选择"有"的一方会说，一天三餐，既可以选择吃或不吃，还可以选择吃面还是吃饭，所以人生是有选择的。选择"没有"的一方会说，你能选择明天是晴天还是雨天吗？我们只能听天由命，所以人生是没有选择的。"有"的一方会反驳说，不管明天是晴天还是雨天，我们都可以选择出不出门，带着什么样的心态面对，所以人生还是有选择的。最后，"没有"的一方会使出撒手锏反问，你能选择你的父母亲吗？肯定不能。我们从小的教育或生长环境都是没法选择的，都是上天的安排。

　　其实，他们只是为自己选择的观点辩论，也并不一定对自己的选择坚定不移。辩论到最后，双方都或多或少地认可对方的观点。辩论过后，我再次问这个问题的时候，大部分学员会认为人生是有选择的。如果你觉得人生没有选择，那只是你选择了没有选择。

第一章 你看过提线木偶戏吗

为什么说"我们都是自导自演的演员"呢？

周星驰选择演《喜剧之王》的时候，甚至要忘记自己是周星驰及本身的生活，去演那个醉心戏剧表演始终不得志，但依然不屈不挠找寻机会的小人物。他使尽浑身解数演绎小人物的卑微和辛酸，最后他成功了。不同的是，周星驰演的是戏，我们演的是人生，但相同的是，人生如戏。

人生如戏，既然是戏，就自然需要剧本，人生的这出戏，剧本是我们自己选择的。可能你会说，我根本没有选择过任何人生剧本啊？如果你没有自我觉察的能力或成为觉醒的人，自然就会觉得自己没有选择过剧本。木偶人有提线人的操控，人有信念的控制，人生也会有剧本的设定。这些规律不会因为我们没有觉察或觉醒就失效了，就好比你即便不知道春夏秋冬，它们依然会自然轮转。

你怎么理解人生，你的人生轨迹就成为你所理解的那个样子。命运能改变吗？你觉得"能改"或"不能改"，你就会活成"能改"或"不能改"的样子。

袁了凡是明朝重要的思想家，了凡先生15岁那年遇到了一位孔先生，这位孔先生是一位算命高手，他把了凡一生的命运都算定了，后来发现算得还非常准确。既然命运都已注定，了凡先生便什么想法、什么念头都没有了，内心也很清静。

后来，了凡先生到南京的栖霞山，遇到了云谷禅师。云谷禅师与了凡先生在禅堂里对坐了三天三夜，就发现这个人不简单，打

我发现我自己：心的底层操作系统

坐三天三夜竟然不起一个妄念。云谷禅师问是什么原因。了凡先生就告诉云谷禅师，是因为自己的命都已经被孔先生算定了。禅师听了后哈哈大笑说："我原来以为你是个英雄，是个豪杰，原来还是个凡夫。"了凡先生听后很不解，云谷禅师就告诉他："你这么多年来竟然被孔先生把命定了，都不能转动一毫，你说你是不是凡夫？"了凡先生就问："难道命运是可以转变的吗？"

命运确实是可以转变的，正所谓"命自我立，福自己求"。命运是由自己掌控的，福报也是由我们自己求得的。禅师给他开示以后，就教导他如何改造命运。了凡先生听明白了，后来就把自己的号改了，他原来叫学海，后来改成了凡，就是完全明了，不再想做凡夫了。后来的几十年他做到了，真正把自己的命运改造了。命中说他没有功名，结果他得中进士；命中说他无子，后来他生了两个儿子；命中说他寿命只有五十三岁，结果他活到了七十四岁。了凡先生晚年写了《了凡四训》，把这一生所修所学与世人分享。

有一次我和一位培训师聊天，我说我能在万千职业中选择成为一名体验式的培训师，其实是十多年前种下的"种子"，因为那时看到围绕在培训师身边的都是鲜花和掌声，所以就在心里默默想"要是我以后也能成为一名培训师该多好啊"，几年以后，果然自然而然走上了这条路。其实，做一名培训师，建一个教育平台，根本不只是表面的鲜花和掌声，更是百倍于鲜花和掌声的汗水和泪水。十多年前我虽看不到这些，但我决定成为一名培训师的时候，

第一章 你看过提线木偶戏吗

我人生的剧本就已经确定了，十年前我就已经导演了这出戏，然后又化身为演员演了这出戏。现在我又得再导演往后十年的戏了。

《吸引力法则》刚流行的时候，也是我正式成为培训师的时段，我看了之后虽然不是很懂，但心情特别畅快，因为感觉离成为培训师又近了一步。成为培训师的路并不好走，要克服一般人没有机会接触的困难，承受普通人不需要面对的挫折，也要去化解大部分人不用去解释的质疑。所以，我经常告诉自己和身边的人：我们用什么样的心态去面对困难和挫折，最终将决定我们成为什么样的人。

不知你是否注意到一个很奇怪的现象：那些认为人生灰暗的人，真就过上了黑暗的生活；那些认为职场"水很深"的人，真就去了关系复杂的公司。这就有点像吸引力法则，你想什么就来什么。我想从信念的角度来解释一下为什么会是这样。只要是我们形成的信念，大脑这个系统就会默认它就是"绝对的真理"，那么我们是怎么来证明它确实是绝对的真理呢？答案只有8个字：时时刻刻，潜移默化。

不论我们自导什么样的人生，都会去自演，大多数人没有意识到自己的选择，就按照"出厂设定"活了一辈子，就像了凡先生最初那样，被孔先生算的命死死框定了。当了凡先生意识到命运可以改变，他后面的人生就改变了，从那时候开始，他的剧本改变了，他的表演也就不一样了。

我发现我自己：心的底层操作系统

八　你的家族就是木偶戏的总提线

家族，就像是一个天花板，这个天花板会因为不同的家族而高度有所不同。家族里的所有人都被允许在地板和天花板之间的空间里随意自在。但如果你想突破这个天花板，那么家族里的成员会联起手来阻止你，因为这在他们的眼里是一个非常危险的动作，但如果你不小心掉下地板，他们也会伸手帮助你。也就是说，一个家族的眼界决定了家族成员所从事的工作和所接触的信息。

两个信念接近的人结婚生子，然后在往后的生活里相互磨合出一个高度接近的信念，他们的亲戚们也会找有相似信念的人成家生子，这个家族里的每个家庭之间会有合作与沟通，最终形成了家族的信念。所以，往往有整个家族所从事的行业比较接近的情况。

一个家族的信念是一群木偶人的总提线，人一代代往下传，你既是上一代的木偶人也是下一代的提线人。人的认识会有一个区间，家族的认识也会有一个区间，这个区间就是从天花板到地板之间的空间，这个空间才被认为是正常和安全的。

第一章　你看过提线木偶戏吗

　　以我家为例，我妈妈共四兄妹，我的外公在我出生后的第二天就去世了，所以我没有见过我的外公。从我懂事开始，妈妈四兄妹一直做小生意，在整个大家族里面，接触最多的也是做生意的人，整个家族和那些上班或自己开公司的人话题很少，接触也少。我们整个家族弥漫着生意人的味道。生意人有小投资、低风险、买卖物品赚稳定差价的，也有大投资、高风险倒卖物品赚它几倍的，我们家族属于第一种。

　　我家和我的三个舅舅家，都是做小生意的家庭，昨天买，今天卖，做一天生意就赚一天的钱，休息一天就没有钱赚。做生意比上班打工风险要高一些，但这个风险也在可控范围内，每天赚的钱也在一个相对波动较小的区间里。风险和收益成正比，所以我爸妈的收入比一般同龄打工的人明显高一些，因为做生意要走南闯北，所以见识也会比一般同龄打工的家庭广一些，但也只是一些。打工的人也许可以接受一个月没有收入，我爸妈可以接受一年没有收入。对我也是一样，大学毕业后的一年里，我没有工作，爸妈也没有要求我什么。后来我出去找了工作，自己养活自己，他们也没要求我给家里钱。再后来我创业做培训的几年小亏了一点钱，他们就开始反对我再继续创业了，一方面是因为他们不了解培训行业到底是什么，另一方面是觉得不赚钱也就算了，总不能亏钱。我很清晰地记得有一次过年走亲戚，在席间我受到了整个家族的"围攻"，大家

我发现我自己：心的底层操作系统

苦口婆心劝我不要再做培训，去厂里找个工作，吃住在家，或多或少还有收入，甚至我舅妈说认识某个厂的厂长，要安排我去上班。那时，我终于明白什么叫一拳难敌四手和百口莫辩，一气之下我一走了之。

在创业的过程当中，你不但得不到家族成员的支持和帮助，他们还会在你遇到困难和挫折的时候"落井下石"，最终在你撑不下去的时候，家族成员得以证明他们的想法是正确的。因为这整个家族成员的认识只停留在某个区间，他们的勇气和经验不足以说服自己摆脱家族的那根提线，也许他们根本没有想过要摆脱，甚至根本没有发现有一根线在牵着整个家族。以前我非常抗拒"寒门难出贵子"这句话，总想为天下的寒门发言，慢慢发现话虽不太好听，也有一定道理。

在此我想说一个题外话。不要试着去改变自己的父母，而是要理解他们的观念。这些观念可能在你看来都已过时，或不一定正确，但在他们的眼里就是真理。只有高序位的人才可以改变低序位的人，比如老师改变学生，你要去改变自己的父母，那么序位就乱了，会矛盾四起。

接续前文，在一个几代经商的家族里，父母亲及整个家族的人都会给你灌输打工再好也比不上自己当老板等类似的信念，他们会教你如何做生意，如何与人打交道，让你在他们能够接受和想象的空间里充分发展。但如果有一天你告诉他们要搞艺术，同样也要面对来自家族所有成员的"轮番轰炸"，因为在他们从地板到天花板的认知区间里没有这一条。

所以，不管在哪一个家族里，上一代都会要求下一代活在自己的"视野"和"认识"里，这个"视野"和"认识"有一定的松紧，所有的家族成员相互牵扯活在这个松紧区间里，以确保家族可以"安全"和"稳定"地往下传，但有一样是不变的，那就是这个家族的精神和价值观。

前几辈的人没有给后代留下精神的粮食，那么后代就会剑走偏锋。无论是从政还是经商，这些都是表现形式，而表现形式往往比较容易改变，所以我们经常能看到，父辈从政，孩子就不愿意再从政，父辈经商，孩子不愿意再经商，但实际上根植于人内心的精神和价值观是不会变的。

一个家族的精神或价值观会潜移默化地一代代往下传，这才是真真正正的提线。一个家族如果没有一位德高望重的宣扬精神或价值观的人，家风往往会乱。

很多有着暴力倾向的孩子，往往会有一个暴力的爸爸，而那个暴力的爸爸往往也有一个简单粗暴的爸爸，如果再往上探究，你还会发现孩子的曾祖父及以上也是如此。奇怪的是，很多明知暴力解决不好问题的人，却又是暴力思维的"拥护者"，因为在他们的

我发现我自己：心的底层操作系统

认识里，暴力虽然不是最优解，但除了暴力他们没有接触过其他方法，没有人在他的人生里给他演示其他方法并成功过。

"虎门销烟"的林则徐曾经说过："子孙若如我，留钱做什么？贤而多财，则损其志；子孙不如我，留钱做什么？愚而多财，益增其过。"意思就是，子孙后代像我，我把钱留给他反而损害了他的斗志；子孙后代不像我，留钱给他则使他好逸恶劳，留的钱越多越增加其过错。林则徐一生有四儿四女，除了早夭的两个，其余六个女子过得都挺不错，这其实还得归功于林则徐的教育。林则徐一生清廉，为子女树立了榜样，他的子女会时刻要求自己向父亲学习。

林则徐成为民族英雄又和他自己的父亲分不开。林则徐的父亲林宾日经常教育他，想要日后成人上人，现在就得好好做人，好好学习，人品和学问在年幼时就得打下基础。所以，他的父亲在林则徐四岁的时候就要求他到私塾里旁听学习了。

有一天，林则徐给父亲背诵《硕鼠》，一背完，就扬起了脸，面带严肃地向父亲问道："父亲，这硕鼠是个什么东西呢？""硕鼠就是只大老鼠啊。""那为什么要写大老鼠呢？"此时的林宾日觉得正好可以给儿子上一堂品德教育课，他想了想慢慢地回答道："这诗里面的大老鼠特别不懂事，把农民辛勤耕作的果实给偷走吃了，它什么也不付出就这样不劳而获，你说这老鼠让不让人厌恶？""那就彻底除掉这些可恶的大老鼠啊！"父亲回道："你知道吗？现在的贪官都在进行着大老鼠的作为，敲诈勒索百姓，让百姓十分憎恨，他们也是大老鼠！""原来是这样，那等我长大了，就把这些大老鼠给赶尽杀绝！"儿子特别严肃地说道。

随着社会的发展，家族后代所从事的事业可能会有很大不同，但这个家族的精神和价值观并不会因为从事事业的不同而有很大转变。家族里的任何一个人做出超过这个家族认识或信念天花板的事，那么他面临的将会是整个家族的"口水"。这些话都出自善意，意在保护和挽救你，可对于你来说会成为一种负担和阻力。

如果，突然有一天你发现自己家族的总提线不是你想要的或者你向往更高的追求时，你就要为此付出极大的勇气和决心，在改变的过程中，没有家族成员可以向你传授任何经验，不是他们不愿意，而是他们没有那方面的任何经验，他们反而会向你泼冷水、排挤你。如果你决定冲破家族的天花板，就要准备好承担风险，要知道在天花板以内，你的安全系数远远大于风险系数。

所谓寒门越来越难出贵子，原因之一是读书升学不再是唯一的出路。我身边有很多学习成绩一般的人，上了高中、中专或大专，父母就不再让自己的孩子继续上学，他们觉得看不到希望，还不如早点找个工作，还有些收入来补贴家用。可以说，绝大部分人的命运都是由父母决定的，而这个决定权的基础就是父母的认识。既然是"寒门"，父母乃至整个家族的认知都会保持在一切以解决当下问题为出发点的认识中，这种认识来自生活的实践，解决当下的问题都已经占据了他们所有的时间，他们没有时间和精力来思考未来的问题。这种思考问题的方式既有一种实效，也是一种无奈，在这种状态下，想要突破家族的认知并获得财力的支撑更是难上加难。所有的一切都可以归结为"风险"二字，停止继续教育，选择稳定工作，都是抵抗风险、免受损失的举措，只是这种举措是以某种程度牺牲未来发展为代价的。不要再举低学历成功的案例来反驳，这些案例更多是例外，受教育的程度很大程度上决定了一个人的认知程度。一个有良好教育氛围的家族就是一片肥沃的土壤，在这片肥沃的土壤里的种子更容易成长。

第二章　我的自我保护在操控我

　　除了我们的信念会操控我们，还有其他操控我们的因素，我们就像被多人操控的机器人，他们每个人手上都有一个遥控器，对我们指手画脚。
　　信念是从内而外的操控，"内"指的就是自我保护，操控的目的就是为了保护自我。信念操控我们去思考问题和采取行动，这些都是外在的呈现。自我保护操控着我们想尽办法减少伤害，保证我们本体安全。
　　被保护的同时，也代表着一定程度的失去，就像从小被父母过度保护的孩子，获得安全的同时，也失去了机遇。

我发现我自己：心的底层操作系统

一　自我保护机制的工作原理

我们的潜意识有自我防卫的机制，使我们难以承认自己的错误和弱点。我们的潜意识给我们建了两个象牙塔，一个象牙塔"保护"我们的思想或精神，另一个"保护"我们的肉体。

我们不会把手放在火上，不小心碰到火的时候也会条件反射将手缩回来；我们同样也会对思想或精神予以保护，以确保我们的想法、尊严不被挑战和质疑，可以保持完美形象。

不被毁灭是基础，也就是房子的地基，完美形象是房子的绝对高度，打好基础再追求绝对高度是非常棒的理念，可在现实中经常"遭遇挫折"。

我们越长大，越难以区分尊严和面子。准确来讲，并不是无法区分，而是我们潜意识的防卫机制为完成保护我们完美形象的任务，就会把没有面子和没有尊严混为一谈。"人活一口气"是很多人的口头禅，也正是这句话，让许多人一直被面子操控着，只要不失面子付出任何代价都愿意。

第二章　我的自我保护在操控我

有这样的一个故事。有一个学生请老师吃饭，口袋里只有10块钱，老师也知道这个学生钱不多，却特意去了一家相对比较好的饭店，结账的时候要100多块钱，这个时候学生当然没有钱支付。学生知道自己付不起钱，但为了维护所谓的形象或面子，哪怕只能维持一两个小时，也始终没有提出自己付不起钱的事实。在我们看来，这就像遇到危险把头埋进沙子的鸵鸟一样。学生支支吾吾付不了钱，最后还是老师结了账，并告诉这个学生，有多少钱办多少事，如果因为面子去做自己能力范围以外的事会很危险。

以小见大，类似这样的事，总是发生在我们身边，我们很难承认自己没钱、长相丑、没有能力、容易犯错……哪怕别人提出了我们的缺点或不足，我们的第一反应也会是想方设法找各种理由回避，告诉别人"我不是那样的人""你说的是别人，反正不是我"。因为在我们的意识中，自己是完美的，不容任何人质疑和反对，哪怕是自己也不行，哪怕态度再委婉也不可以。即使我们能够承认自己的错误，也会给自己找台阶下，找自认合情合理的理由，接着很容易就原谅了自己。但奇怪的是，对于别人的错误，我们就没有这么大方了。

思想的自我保护分两种，一种是被动的，一种是主动的。

前面讲的是被动的自我保护，也就是在别人向我们的完美形象发起"挑战和质疑"时的自我保护，只要感到有一丝丝"敌意"，

我发现我自己：心的底层操作系统

我们的自我防卫机制就开启，剑拔弩张摆出防御的姿态。当发现防御不了的时候，就会产生情绪，这种情绪大多以愤怒为代表，也许所谓恼羞成怒就是这么来的。比如，开会找问题的责任人，最终吵架甚至打架的比比皆是，因为每个人都认为自己没有错，没有人愿意承认自己就是那个问题的源头。所以，反过来看，能承担责任的人，往往都是值得企业培养的人，因为他们能够放下自我、突破自我"保护"。

这种防御是有记忆的，当我们被某些因素"攻击"一次两次以后，往往会对那些因素特别敏感，哪怕别人压根就没有表达那样的意思，我们也会认为对方在戳自己的脊梁骨。比如，我个子不高，长相大众，经济条件也一般，从小就有很多人嘲笑我，甚至会叫我矮子。逐渐我对身高、长相和经济条件特别敏感，哪怕别人讨论一辆豪华车的配制或售价，也都会让我产生强烈的自卑感和抗拒，我会感觉有人拿刀在捅我，其实，这是我的自我在捅我，目的是告诉我，得想个办法转移话题了。

自卑感是对自信的渴望和对现实的失望的冲突带来的一种情绪，寄情于优秀的表现，又不肯承认糟糕的结果。当一个人能够承认自己自卑的时候，他其实已经不再自卑，因为他已经接受了现实。正如鲁迅先生所说，只有真正的勇士，敢于直面惨淡的人生，敢于正视淋漓的鲜血。承认自己的缺点或不完美和维护完美形象的防御机制是冲突的，在这两股力量的交战中，往往是维护完美形象的防御机制笑到了最后。因为它是我们的天性，一方面不容易被发现，另一方面它的力量实在太过强大，不会被轻易击败。

被动的自我保护就像下雨天修屋顶，为了不让雨水漏到屋子里，屋里的人会想尽各种办法上屋修顶，主动的自我保护就像在晴天加固屋顶，时刻防备着下雨。主动的自我保护包括自以为是、傲慢、固执等，被动的自我保护包括恐惧、抱怨、焦虑等，这些情绪保护着我们心中自认为的完美形象，保护着我们逃避责任。住在屋里的人，只有不停加固屋顶，才能获得更多安全感。这种过度的"求生欲"持续不断地操控我们。

螃蟹有一个很硬的壳长在外面，以保护里面的肉体，我们人类也有一个自以为是、自大、傲慢、自满的壳长在外面，以保护里面的自我。螃蟹的壳看得见，保护里面看得见的肉体；人类的壳看不见，保护里面看不见的自我。

"不是那样的"这句话是我们常听见的，也是最好的"保护伞"。忠言为什么逆耳？逆的当然不是耳，而是那个壳里的自我，不好听的话，往往是我们最需要提升或者产生盲点的地方，但这也同时意味着会伤害到壳里的自我，所以我们很难真正接受别人的忠言，哪怕有时嘴上说接受，也会面露尴尬。相反，如果获得别人的夸奖，就算明显是夸大其词，虽然会觉得不好意思，但壳里的自我

我发现我自己：心的底层操作系统

还是会暗自高兴，如果夸奖恰到好处，那么壳里的自我就会膨胀。

人们都不认同"拍马屁"的行为，但人们又都喜欢和享受那种被"拍"的感觉，"高手"甚至让你感觉不到他在"拍马屁"，只让你感到被赞美。这种"高手"就是顺着你壳里自我的需求，不让你产生防御，最终让你对他的表达深信不疑，"滋养"你壳里的自我。

当自我感觉不到任何威胁的时候，自我保护机制就会暂时关闭，自我开始膨胀，长期在这种糖衣炮弹的氛围里，听不到真话，我们的壳看似消失了，其实是变得更厚更硬了。最关键的是，我们变得更敏感了，敏感到只要有一丝丝威胁，壳里的自我就拿着刀枪棍棒开始拒绝和否定，任何一粒"沙"都不能容忍，只能接受糖衣炮弹。

其实，我们每个人都是这样，区别只是壳的厚度和硬度不同。

二 "我"在哪里

"这首歌挺好听的！"

"是谁在听歌？"

"当然是我了。"

"你是谁？"

记得有一次在一个朋友的车上，发生了上述对话。当时我被问到，觉得挺有意思的，仔细想想，是啊，是谁在听歌？我的第一反应当然是我在听歌，那么又是我的什么在听歌呢？我的耳朵？鼓膜？耳蜗？大脑？

那个听歌的主体在哪里？这和"我到底在哪里？""我是谁？""我从哪里来，到哪里去？"一样让人脑洞无限。

这副皮囊是我，还是看不见的思想、精神或心灵是我？

如果具体到实景当中，你对别人说"你伤害了我"，伤害的是身体还是心？是凶器伤害了你的身体，还是语言伤害了你的心？或者身体和心都被伤害了？到底身体是"我"，还是心是"我"，还

我发现我自己：心的底层操作系统

是这二者都是"我"。

我们表达"我"的时候，会默认是自己的一个整体，即包括自己的身体，也包括自己的想法。和自己有关的东西，我们统统会组合在一起，然后贴上一个标签——我，就像把发动机、方向盘、座椅、挡风玻璃等组装在一起，命名为"汽车"一样。

较早的时候并没有"精神损失"的说法，后来人们开始发现并重视心灵受到的伤害，虽然不会像身体受伤一样流血，但会在心里留下阴影，就有了"精神损失"这么一说。

我们可以说"我的衣服""我的车子""我的手""我的脚""我的老公""我的老婆""我的儿子"，我们可以把所有我们的身体、思想、精神以外的东西，在前面加上一个"我的"，既然这样，到底什么才是真正的"我"？如果身体就是"我"，那么我们就不能说"我的身体"；如果思想是"我"，也就不会有"我的思想"这么一说；如果精神是"我"，也就不能说"我的精神"。到底"我"在哪里？

"我"可能是这个世界上最"自私"的一个字。一个孩子从生出来以后，没有你、我、他（她）的概念，在大人的教导下，渐渐有了"我"这个概念。他会表达"我要吃饭""我渴了""我想睡觉"……这些表达都来自需求，来自"我"的需求，我们的表达、行为都围绕"我"展开。

那么"我"究竟是什么模样?"我"到底是什么样的一种存在呢?

通过这么多问题和解释,我们不难发现,"我"是一种虚拟存在。"我"由不同的心念持续不断组合而成,或许可以理解成注意力,注意力在哪里,"我"就在哪里。"无我"就是我没有注意力,不会把注意力放在任何一个东西上,也就是"空性",空性并不是什么都没有,而是什么都有,因为它可以化身为任何东西,当你把注意力放在某一个东西上的时候就成了"有我"。

所以,"我"就是"心念",心念就像海浪一样,一起一灭循环,心念起的时候就需要一个载体,心念灭的时候就代表另一个心念的起,心念就从一个载体去到了另一个载体,心念本身还在,只是换了一个"马甲",无我并不是没有肉身,而是连心念也没有了。

我发现我自己：心的底层操作系统

三 恐惧正在"保护"着我

2010年的时候，我们10个人，兴冲冲地跑去杭州乐园，一进大门就奔向蹦极。去之前满怀信心，胸有成竹地认为别人可以做到，我肯定也可以做到，路上还兴高采烈，直到爬上那高高的蹦极铁架子才开始改变想法。我气喘吁吁地爬上摇摇晃晃的蹦极铁架子，往下一看，真的好高，瞬间我的心脏跳动加速，开始产生恐惧，大脑开始发出放弃的指令。

朋友中有一个"不怕死"的，自告奋勇第一个跳，我是第二个，就在第一到第二的间隔不到15分钟时间里，我明显获得一丝安全感。这像极了幼儿园里排队打针，排在后面的小朋友，都在嘲笑正在打针的、哭哭啼啼的同学。

短暂安全后，就轮到了我，教练帮我穿好装备，引导我站在跳板上，跳板是一块突出平台的大概15厘米宽、50厘米长的铁板。我站在跳板上再次往下看的时候，感觉就像是被按在案板上的鱼，或者是上刑场的囚犯，恐惧感死死控制了我。我的大脑一片空白，心脏已经从胸口跳到了脖子上，强烈的恐惧感告诉我，必须放弃，否则会死，我从未如此强烈地感觉到"我"的存在和它求生的欲望。

恐惧感控制着我，让我放弃，目的是为了保护我，让我免受有可能的伤害。以前不太明白，人为什么会有恐惧感，要是没有恐惧感多好呢！现在想想，人要是没有恐惧感，就会像没有痛感一样，可以把手放在火上取暖，可以大口喝开水解渴，但最后的结果是手烧伤了，舌头、肠道和胃都烫伤了。

恐惧触发自我保护机制，目的是为了保障人的安全，可是这种保护有时候就像父母保护孩子一样，屏蔽了所有风险，也让孩子失去了接触新事物和挑战更好的机会。

有时候明明知道是安全的，也会克服不了恐惧感，可想而知它深植于我们的DNA之中。

在给很多公司做团队建设培训的时候，我会做一个"信任背摔"环节。有一次给一家中医企业做岗前培训，学员是28名刚毕业的医科大学生，在信任背摔环节，团队里的每一个成员轮流被要求站在桌子上，手扣在胸前，闭上眼睛，身体笔直得像筷子一样往后倒，下面的其他成员会接住他。

我把学生分为两组，几乎所有大学生站在桌子上的时候，我都能感觉到他们的恐惧，甚至有一些人站在桌子上会双腿发抖。不同的是，一些人能够调整好心态，笔直倒下去。而有一些人是直接一屁股坐下去，这时候我会要求他们重新做，直到可以笔直倒下去为止。

有两个女孩子我印象特别深刻。一个比较胖，个子也不高，站在桌子上的时候，脸色苍白，满脸害怕。她第一次倒的时候直接坐了下去，第二次第三次也是如此，期间我引导她相信团队可以接住她，让团队给她加油，第四次她终于直直倒了下去，所有人给了她热烈的掌声，她的脸上开始有了笑容和喜悦，整个人也变得很兴奋。另一个女孩子个子中等，身材也中等，看起来文文弱弱，无论怎么引导和鼓励，她都不敢倒下去，甚至闭上的眼睛又马上睁开，眼睛不敢看我，偏向另一边，嘴里的话从"我怕"到"我做不到"。我扶着她倒了几次，希望给她安全感，可以让她自己倒，我说了几遍口令并告诉她不用管那么多、要豁出去，她依然站着不动，只是尝试身体微微向后倾斜，马上又收了回来。看到这里，我推了她一把，她迅速睁开眼睛，拼命要抓住我，像是要从一百层楼上掉下去一样，一屁股坐了下去。

她们这一组，因为她一直卡着，大概有半个小时，另一组已经全部完成，我就邀请大家一起过来支持她。最后，在团队再三鼓励下，她终于直直倒了下去，整个团队开始沸腾，所有人都很兴奋。

很多学员认为自己胆小，这样不好。

我问他："要是你前面有一只老虎，你会冲上去和它对打，还是想办法逃跑？"

第二章 我的自我保护在操控我

他说:"当然是想办法逃跑。"

我问:"为什么要逃呢?"

他说:"我不可能打得过老虎啊!"

我又问:"那么胆小好不好?"

他陷入了沉思,然后好像发现了新大陆一样,说:"我第一次发现原来胆小还有好处。"

恐惧感对自我的保护往往是过度的。上台怕出丑,紧张得厉害,发挥更不好;第一次去丈母娘家,怕表现不好,可能连说话也不流利;重要的考试,怕考不好,结果成绩更差;见大客户,怕不能成功签合同,最后业务真没谈成。

过度自我保护,反而让我们变得没有勇气。

中餐里,盐的把控决定一道菜味道的好坏,咸淡把控好,菜就有了"灵魂"。自我保护就像放盐,在我们无法把控咸淡时,我们会不自觉想多放一些盐,结果是咸得一塌糊涂。同样,当我们意识到存在伤害或潜在伤害的时候,我们会不自觉地就想"多放一些盐"。

一道菜口味的好坏,决定于盐的拿捏程度,人不应该恐惧,但要有敬畏之心,敬畏之心就是对恐惧最好的拿捏。

我发现我自己：心的底层操作系统

四　对恐惧的拿捏恰到好处

孔子说：暴虎冯河，死而无悔者，吾不与也！意思就是：赤手空拳和老虎搏斗，不用船只渡河，这样蛮干死了都不后悔的人，是不足与之共事的。

人不能怕死，但要懂得敬畏。

拥有敬畏之心就是恐惧和勇气共存，比例恰到好处的体现。恐惧的比例大于勇气，就像做菜时口味淡了；勇气的比例大于恐惧，就像做菜时口味咸了。

恐惧大于勇气，人会变得怯懦，只求自保，只求自保就不免和软弱画上等号。《肖申克的救赎》里有一句经典的台词，大意是：监狱的围墙很奇怪，一开始的时候你讨厌它，后来逐渐适应它，时间长了你就依赖它，最后你离不开它。讨厌它是因为还有想离开它、挑战它、征服它的勇气，适应它、依赖它、离不开它是勇气消退的体现。到最后离不开它的时候，就是只求自保，希望活在围墙的"保护"下。

第二章 我的自我保护在操控我

勇气大于恐惧，人会变得盲目、自大，甚至是自傲，这样的人会让人感觉很"刚"，不容易接近，听不进别人的意见。

我们常说"谋定而后动"，谋定在前，行动在后，谋定是为了行动有最大的成功可能性，并不代表害怕才去思考，而是出于敬畏。"成功学"很大程度上帮助了许多人重返自信，也很大程度上捧杀了很多人，它不断地给你"加温"；不断地在你的油箱里"加油"，让你行动。它就是让你不断行动、行动、再行动，对人生和职场经历不多的人来说，这"一针针"下去，好比是点了火的窜天猴冲上天，最后落地会摔得很惨。

老司机是不会把油箱加满的。记得有一次打车，要跑长途，司机去加油站加油，加油站的工作人员问他要不要加满，他说不要。我就觉得奇怪，问他既然要跑长途，为什么不把油箱加满。他回答说，油也有重量，加满了就相当于多带了人，反而增加油耗。温度太高容易爆炸，装得太满容易溢出来，勇气给我们动力和激情，增加了去征服和挑战的力量，同时也带来头脑发热，往往造成"用力过猛"，反而去到了我们不想要的方向。

恐惧能让我们冷静，让我们变得理性，但也会让我们思考太多，最终失去动力；勇气会让我们狂热，变得盲目，让我们无脑输出，最终功亏一篑。

创业是一件非常需要勇气的事，但过度的勇气带来的是头脑发

我发现我自己：心的底层操作系统

热，花光父母压箱底的钱，最后负债累累的案例比比皆是；因为害怕失败，为了确保成功，过度思考和准备，最终项目胎死腹中的案例也多如牛毛。我记得在"美团"火起来起码4年之前，就有一个朋友和我说过一个项目，就是"跑腿"帮忙买东西，类似"美团"。他对这个项目非常看好，也非常保密，一直叮嘱我不能告诉别人。最后我是守口如瓶，这个项目也顺利成功，只是成功的并不是我的朋友，因为他一直没有任何行动。

我们需要乐观构思，悲观计划，乐观实行。勇气是乐观的，恐惧是悲观的，需要它们并存，轮流交错出现，才不至于头脑发热，也不至于缩手缩脚。构思必须乐观，才会有勇气和动力，如果构思是悲观的，那么从一开始就会不得人心，团队会四分五裂；计划必须是悲观的，"画大饼"的计划往往都是令人失望的，只有悲观的计划才不会对不理想的结果失望，如果结果优于计划，那么团队的士气会更高；实行必须是乐观的，乐观地行动才能克服困难，才能调动团队积极性。

我们一定要对我们的恐惧保持一种恭敬心，才能产生敬畏心，如果把恐惧和胆小看成洪水猛兽，那么我们就会恐惧于恐惧，恐惧于胆小。

五 焦虑正在"侵蚀"我

焦虑,几乎成了当下人的通病。

生活节奏越快,压力越大,焦虑值和现代化成正比。

我从小生活在农村,长大后外出上学、工作,经常穿梭于城市和农村的我,发现一个很有趣的现象:当站在城市大街上的时候,你看到的都是心事重重、面无表情,仿佛是亏了几十亿生意的人;当站在农村小路上的时候,你看到的都是不紧不慢、温饱即安的人。

精准的时间观念、清晰的目标计划和超额的结果是职场精英的追求,标准化和逻辑思维,是现代企业管理的核心之一。以前成功人士给我们优雅的想象,现在成功人士更多是"忙"的代名词。朋友圈疯传成功人士一天的日程安排表:早上4点起床、坐飞机、见客户、见领导、项目签约、晚上7点回办公室。这给我们喂了多少"鸡汤"!人家上千亿家产的人还在努力,我们还有什么理由躺在床上?先定一个小目标,比如赚它一个亿,真是让朋友圈无数次炸开了锅。网上还流传成功企业家说"钱是这个世界上最容易得到的东

我发现我自己：心的底层操作系统

西""我对钱不感兴趣，我从来没碰过钱"，再次成为我们谈论的话题。

站在不同的角度确实说不一样的话，那些凤毛麟角绝对拔尖的人的言论，一开始确实给我们带来激励和力量，但讲多了就成了贩卖焦虑。"小目标赚一个亿"，在中国有多少人能够实现呢？初听初看这些话的时候，会感觉催人上进的正能量，可当你关掉网页，却发现事事不顺，升职无望，有的只是枯燥重复的工作，晚上回家躺在床上想着银行发来的还贷短信，钱还没有着落，背后一凉，焦虑感就来了。

这种焦虑来自发现原来自己再怎么努力，好像离一个亿，甚至离五百万都是那么遥远，想着银行里的"余额"，羞愧难当。这种焦虑感来自距离——自己的现实和成功人士之间的距离，我们发现这个距离别说踮起脚，就是跳起来，甚至飞起来也无法跨越。我们总会患得患失，感觉目标就在眼前却怎么也无法触及；我们总会莫名其妙害怕患上癌症，胃一疼就担心是不是得了胃癌；甚至想想晚餐吃什么都会让我们坐立不安。

年销售额几十亿，员工成百上千的企业主，在车里痛哭后擦干眼泪微笑着走进办公室；开会时热血沸腾描绘愿景，回到家靠吃安眠药才能入睡；四处打电话借钱、融资来发工资。只有这些人才有焦虑感吗？不是，有焦虑感的人越来越年轻，抑郁的人越来越多。

平时你根本看不出他们有什么不一样，他们热情、外向甚至是万人迷，到了晚上一个人的时候就开始焦虑和抑郁。我认识很多企业家，很少有人知道他们光鲜亮丽表象下内心的煎熬。不少人有不同程度的抑郁症，去看心理医生又怕别人知道，所以只能硬抗或偷偷去医院，有些人的问题已经严重到靠药物才能维持的地步。

有一次，我和一个90后聊天，他看起来不太说话。聊到后面，他说他信用卡欠款10来万，原因是被朋友骗，朋友也是被别人骗。他现在的收入很低，每个月只能还一点钱，以示还钱的诚心。10来万的欠债和现实的收入，让他看不到有还清的一天，看不到路在哪里，加上他认为自己的学历低，这个社会的要求高，他觉得自己有抑郁症，家里人不能理解也不支持他，感觉一切都没有任何意义，看不到希望，他几次有自杀的冲动。不到一个小时的聊天中，他流泪五次。

在整个聊天过程中，我始终试图让他了解，他遇到的只是一个社会现象，在这个地球上不止他一个人有类似的困难，我引导他看到积极的一面，他的情绪逐渐稳定了下来。最后我告诉他，他有这样的现状不是一天两天导致的，是长久以往积累下来的，要调整需要时间，要慢慢走出来。那次的沟通只是一个开始，远远不够，还需要后续一段时间的"守护"才可以。

人在无能为力，感觉自己渺小，却要对抗巨大压力的时候，

我发现我自己：心的底层操作系统

恐惧就升级为焦虑。焦虑很难被我们自己发现。坐办公室的小王，不时起身接水，不时上厕所，像热锅上的蚂蚁，坐立不安，眼前的PPT或方案毫无头绪，脑袋里不时回响着领导、客户和自己的要求或KPI：下班前交给我、你做的这叫什么方案、这次要是通不过怎么办……时间在焦虑中一分一秒过去了。

现在，无论是坐地铁还是乘公交，人们基本都是低头看手机，电子产品已经成了一代人的精神鸦片，寸步难离。据统计，现代人平均每6分钟看一次手机，离开手机几乎要生不如死。以前身上不带钱会没有安全感，现在是不带手机没有安全感。甚至有很多人手机电量少于80%就会没有安全感，四处找插头要充电，看着电量满格才安心。通宵熬夜的人不断刷抖音、今日头条、微博……想着等等再睡。等什么？不知道。

我们的思维不断被各种干扰碎片化，思想难以集中。方案构思了一半，想着水杯空了，就去接水，接完水回来继续构思方案，马上又发现电脑屏幕脏了，就顺手抽了张餐巾纸去擦，屏幕没擦完，同事递来一块饼干，空出一只手接过饼干送到嘴里，一边擦屏幕一边吃饼干，擦完了屏幕，电脑里跳出一个当红明星的丑闻，马上点了进去……到头来发现水接了，电脑屏幕擦干净了，饼干吃了，新闻也看了……做了很多事，可最重要的方案还没有进展。总被各种干扰打断，渐渐我们无法集中精神完整思考一个问题，我们的注意

第二章 我的自我保护在操控我

力停不下来,一停下来就会感觉万念齐飞、空虚、难受。一边想跳出这样的恶性循环,一边嗷嗷待哺的空虚又需要你投喂,两股力量在你身上打架,最终空虚得到了满足,继续了下一轮的循环。

我发现我自己：心的底层操作系统

六　焦虑化解大法

　　心灵鸡汤在很长一段时间内流行在成功人士和正遇到挫折的人的谈论之中，大众对其评价还是非常积极和正向的。慢慢地人们"鸡汤"喝多了，就产生腻感，现在心灵鸡汤反而成了假、大、空的代名词，更多是以"毒鸡汤"的形象出现。

　　说来也很有趣，焦虑感更多发生在那些看起来上进、正向和目标感强的人身上，他们基本也是学历高、职位高的人。这些人身上有一个共同点，就是压力大，持续压力大并得不到释放，慢慢就产生了焦虑和抑郁。

　　为什么会这样？

　　我从小生活在农村，发现那些终日忙于农田或在山上劳作的人更简单、透明和开放。他们的笑声很爽朗，他们的苦很真实，既不奢求赚几个亿也不想受人追捧，真的只是希望日子能够一天比一天好。

　　在体验式的训练中，我会带着学员扶贫或走访困难户。原本以为困难户会对生活和人生比较悲观和放任，实则不然。每当我们带

第二章 我的自我保护在操控我

着油和大米去看望他们,希望我们能给他们带去温暖,可最后我们分不清到底是我们给他们带去温暖,还是他们给我们带来启发。他们追求幸福生活的那份热情和努力向上的意愿,深深打动着我们,让我们深感惭愧。我们只是带去了些许的物资补贴,而他们却升华了我们的思想。

给我印象深刻的有两户人家。一户是一位老年妇女,双脚不能走路,只能用双手借助两个板凳走路。她独自经营一家杂货店,有时还帮忙带小孙子。每次我们去看望她,她都非常热情地招呼我们,满脸笑容地和我们交流。她告诉我们她如何应对生活和她对生活中发生的一些事的看法。这家杂货店开在街边,有两个房间,沿街的一间摆满了出售的各种生活杂物,后面一间就是她睡觉的房间,有人来买东西,她就借助板凳走出来招呼,平时就在里间看看电视。

还有一户是一位老年男人,他是一个裁缝,脚也有问题,可以走路但需要拐杖。他在小区门口租了大概10平方米的房间开店,店里的两面墙上挂着原料布,还有一面墙上挂着几件他做好的衣服当样品。他说他做裁缝已有30多年,每个月除去开支还能留下1000多元补贴家用。他的手艺确实很好,做的衣服穿起来都很服帖。他不会狮子大开口要价,也不太知道美国总统是谁,但对生活的安排井井有条,松紧有度。他还希望我们以后走访其他困难户的时候告诉

我发现我自己：心的底层操作系统

他，他愿意和我们一起去看望别的困难户。

同样是要背负压力，不同的是，从和他们的交往过程中我根本感受不到他们的任何焦虑，反而感觉到真实，如每一步都踩在地上的踏实感。我发现，对于物质的追求需要付出劳动，在劳动中人的负面情绪就会被带走，就像经常跑步的人性格大多是开朗的。也许不过度思考，去行动，并能够看到一步一步的改变就是他们不焦虑的原因吧！

前面提到的那些企业家，长期游走于办公室和饭局之间，看似风光，很有可能下一秒就倾家荡产，来自各方的压力和负面情绪得不到劳动或运动的释放。而我们中的很多人，每天接收的都是"你的同龄人正在抛弃你""没有500万就不叫存款，只能是余额"一类所谓的正能量。实则这是商家的操控，贩卖焦虑是最好的营销手段，通过这种焦虑感的塑造来推动你购买，让你获得焦虑被消除的假象。

心灵鸡汤出现的前几年确实给职场人士带来了很好的影响，不过慢慢负面的影响也来了。打开微博是心灵鸡汤，打开微信是心灵鸡汤，打开QQ也是心灵鸡汤，心灵鸡汤泛滥、触手可及，压力没有释放而且经常反弹。于是"毒鸡汤"开始盛行，比如以前有人说"在哪里摔倒就在哪里站起来"，现在是"在哪里摔倒就在哪里躺下来"。心灵鸡汤没落了，修行开始盛行，看似格调比鸡汤高，可

第二章 我的自我保护在操控我

从结果来讲是差不多的。因为人还是那一批想得多做得少的人，更多的人只是找个方法麻痹心灵或为自己的逃避找个借口。

心灵鸡汤和修行都可以调整心态，可仅仅靠调整心态是不可能成功和解脱的，还需要付出行动。在家里读鸡汤文和盘腿打坐是不会有什么困难的，可一旦要行动就会有痛苦，人是逃避痛苦追求幸福的动物，以为读读鸡汤文和盘腿打坐就可以消除焦虑，可事实是，我们要面对的压力还在，并没有因为读鸡汤文和打坐而解决。于是这些人又会得出一个结论：鸡汤没用、修行没用，还不如喝酒购物，至少还接地气一些。

并不是鸡汤没用，修行没用，而是因为没有行动。举个例子，假如你欠银行1000万，银行天天打电话催债，你已经神经衰弱、失眠，甚至产生了幻听。在友人的介绍下你拿起了励志书《羊皮卷》，听起了修行大师的音频开始打坐入定。看完书后热血沸腾，打完坐后宁静致远。可是欠款1000万还是那1000万，不悲不喜，只是在你看书打坐的时候，增加了利息。坐着不动，不能改变任何东西，哪怕是心态的调整也需要在体证后才能真正成为你的"血肉"。

行动、行动，实践、实践，化解焦虑的方式唯有悲观构思、积极心态、付诸实践。在行动中不断总结，不断获得成果，不断改变现状，在实践中产生了乐趣，释放了压力，焦虑就烟消云散了。每一天都很充实；每一个月都能看到改变，哪怕是再小的成果；每一

我发现我自己：心的底层操作系统

年都有阶段性的进展。

道理也许谁都懂，可为什么就是过不好这一生呢？所以我特别想强调的是——勇气。并不是每个人都有勇气，这不是指一次性付出勇气，而是持续不断地付出勇气。行动需要勇气，面对挫折需要勇气，不是盲目的勇气，是实践的勇气。勇气！勇气！勇气！胆小鬼不可能过好一生，只有在调整心态后付出行动并拿到成果的基础上，焦虑感才会真正被"杀死"，任何没有行动和成果的心态调整，都是"吸鸦片"。

勇气应该是柔的，而不是刚的。拿着长矛，身披盔甲上战场的勇气是刚的；遇到强敌败下阵来，保护自己，舔舐伤口继续作战的勇气才是柔的。勇气要有韧性，而不仅是刚强，太硬的东西容易断，有韧性的东西才不会断。有韧性的勇气体现为爱自己、善待自己，面对压力懂得"讨好"自己，允许自己有短暂的"休息"。

接纳自己的缺点或不足，而不是一味地强迫自己改变和提升。在此我想特别提出我自己亲身体验的化解焦虑非常有效的两种方法。

第一种，在感到焦虑万分的时候，一定要想方法找到满足感，找到满足感就可以让我们迅速稳定焦虑，不再让它蔓延。几年前，和朋友聊天的时候，我告诉他们，我发现我自己越来越喜欢鲜花和水果。后来我才知道在有压力和紧张的时候，我喜欢吃些甜品，比如肯德基的甜筒，有些人则会喜欢吃重口味的东西。从科学角度来

第二章 我的自我保护在操控我

讲，甜食可快速提升体内血清素，吃甜食可以起到舒缓压力、改善情绪的效果。人心情不好时，食欲会下降，重口味和甜品能刺激食欲，让人愉悦。这就是很多女孩子心情不好的时候喜欢吃东西的原因，其实这招对男人也适用。

以前我对鲜花、水果、甜品没有特别喜爱和关注，在对它们情有独钟的过程中，我发现，那是一个释放压力和善待自己的途径。每次几天几夜的体验式训练课程结束后，会收到学员的鲜花，以前我只是非常开心地收下，然后找个地方放下或送给别人，现在会插到花瓶里放在办公桌上，感受它带来的温馨，然后继续工作。在一个紧张的环境中能够感受温馨，是化解焦虑很好的办法。有时候，在一天的高压会议结束后，我的脚就会听从脑袋的指示，去买点水果吃。

第二种，在感到焦虑来袭的时候，一定不能沉浸在焦虑里，要马上斩断，然后转念，想一想美好的事，比如想一想自己孩子天真可爱的面容，如果手机里有照片或小视频，可以拿出来看一看，这样你的焦虑感会迅速消融很多。还可以尝试着吃一些需要去壳食用的零食，比如瓜子或松子，这也是我亲自体验，觉得效果不错的方法。曾经有一段时间我压力很大，感到万分焦虑，刚好有人送我一袋松子，我就顺手抓了一把剥着吃，吃了一小会儿，突然发觉好像没有那么焦虑了。松子非常小，不好剥，人在剥松子的时候，注意力不得不全部转移到松子上，注意力一旦转移，焦虑感就自动消失了。当

我发现我自己：心的底层操作系统

然，还有其他方法，只要能让你转念并带来美好感觉就可以。

前面两种方法和技巧简单有效，当焦虑感来临的时候就可以用，但这只是临时应对，不能除根焦虑，想要除根需要有自我觉察的能力，要找到焦虑的来源，甚至要停止向外求，活在当下无求而求。

七 固执正在"硬化"你

很多时候,我们无法区分什么是固执,什么是坚持,所以我们首先要明确固执的含义。固执是一种不懂变通的心理现象。固执的人总是一意孤行,只相信自己看到的,不相信别人看到的;只认为自己是对的,觉得别人都是错的;只认为自己是好的,觉得别人都是坏的。固执的人最怕被"洗脑",在和他们的对话中让我深深感觉到,他们就像溺水的人,会不顾一切拍打水面,抓住一切可以抓住的东西,找各种理由,甚至是"闭上眼睛"不去看自己的盲点和行不通。

哪些人是固执的呢?

第一类是闭门造车的人。他们往往只生活在一个很小的范围内,思想和眼界都有限,他们听不到更多的声音和意见,没看过大千世界。在这类人面前,所有的知识和道理都是苍白的,你会产生非常强烈的乏力感,如果没有应对的智慧,最后徒增烦恼的反而是你自己。这类人的"监狱"是眼界,他们故步自封,见识短浅,而

我发现我自己：心的底层操作系统

又认为自己是明白事理的人。

有这样一个故事。

有一天，一个客人来请教孔子的一个学生，问："一年到底有几季？"

"这个还用问吗？四季，春夏秋冬四季。"

客人说："不对，一年只有三季。"

学生反驳："你搞错了，四季。"

"三季！"

"四季！"

双方越争论，声音越大。

最后两个人约定，谁说错了，就向对方磕头。正巧这个时候孔子来了。

学生高兴地跑过去问孔子："老师，一年有几季？"

孔子本就听到他们的争论，便不假思索地告诉学生："一年有三季。"

学生快吓昏了，又不敢问，客人在旁边听完连说："快来磕头、磕头。"

学生就乖乖地磕了三个头，客人走了以后，学生就问孔子："老师，一年明明有四季，你怎么说三季？"

孔子说："你没有看到，那个来的人全身都是绿，他是什么？

第二章　我的自我保护在操控我

他是蚱蜢。蚱蜢春天生，秋天就死了，它从来没有看到过冬季，你跟他争论到死都没用。"

　　第二类是爱面子的人。其实很多时候这类人知道自己的想法是错误的或不是最优解，但为了保住自己的光辉形象或要显示自己的与众不同，便死守自己的观点。和这类人对话，你会发现他们会"发明"无数个问题，你一个接一个解答，当你觉得胜利在望的时候，他们又回到了原点，让你陷入死循环。这类人比第一类人更"可怕"，因为他们其实知道自己不一定对，但为了要保住面子，绝不承认错误，不管别人再怎么说，他们都不会改变自己的想法或行为，只会想尽方法证明自己没有错。

　　还有一种思路很有意思，在对和错之间还有一个"没有错"，不知道对不对，但就是没有错；在胜和败之间还有一个"不败"，所以就有了东方不败，只要不败就行。这么一来就把水搅浑了，你就是浑身长满了嘴也说服不了对方，最好的方法就是停下来不要说。大部分时间我们不知道对方坚守自己想法是出于面子的原因，只会认为是对方没了解，没弄明白，所以会不停以各种理由试图说服对方，结果是道理讲得越好，对方越抗拒，对方越抗拒，歪理就越多，最终不欢而散。这类人把面子当成了尊严，所以才会这么执着。

　　第三类是怕错的人。如果你去一个陌生的地方散步，往返选择同样的路，那么你可能就是比较固执的人，走老路是避免犯错的最

我发现我自己：心的底层操作系统

佳选择。以前我和朋友出去散步，去同一个地方来回已经走过三四次，我依然要重复，朋友就笑着对我说："条条大路通罗马，你就不能换一条路回去吗？"我突然意识到，自己有保守和固执的一面，然后我们选择了另一条路回去。对于人来说，越是成功过的方法和熟悉的环境，我们越无法离开，因为它安全可靠。

不论是哪一类固执的人，如果要从外界的角度来让他们改变，他们的盾可以抵御一切矛。从外界的角度出发，都需要击穿对方那个自我的"壳"，那个壳的厚度绝对可防御，除非里面的"自我"愿意开一扇门、留一道窗，否则外界根本无法进入。固执就是坚固和执着，坚固表示当下不可被击破，执着表示这种不可被击破会持续。人都活在自己眼界的圈子里，所以你的目光所及之处，便是你"监狱"的围墙和边界，从这个角度来讲，每个人都是固执的，只是程度不同而已。

我们很难区分固执和坚持，但我们又都很讨厌固执的人，哪怕固执的人也会讨厌固执的人。固执的人往往执着于过去的经验，以之来滋养当下的生活。固执的人也往往是生活在过去的人，看到的都是过往，他们好比倒着走路，身体虽然在往前走，看到的却是过去的风景。固执的人执着于过去自己的经验、自己的想法或自己的方法，认为过去的经验和方法现在依然行得通，所以他们一般都不会去冒险，不会有创新。在固执的人眼里，变通就等于违反了原则，从这个角度来讲，固执的人其实是讲原则的人。但他们没有搞明白的是，并不是所有的原则都是一成不变的，有些原则是可以调整的，根据目标调整，这条路走不通，就换另一条路走，虽然换了路，但要去的地方是不变的，这才是坚持。因为换了路，目标也换了，那是圆滑。

固执的人活得很累，因为他们有太多条条框框需要坚守，行事风格就是死搬硬套。从心态上来讲，固执代表着封闭和死板，这是现代企业管理中非常致命的问题，把管理60后、70后的模式套用在90后和00后身上，是行不通的，这违反了无常定律，就不免被认为是"老顽固"。

我发现我自己：心的底层操作系统

八 要坚持，不要固执

前面说到固执是执着于过往的经验、信念或方法，那些经验、信念或方法都是有形的，因为它们曾经出现或被使用过，而坚持是一切基于目标而采取的行动。固执与坚持核心的区别就在于是否变通，固执是"一根筋"，不管发生什么都执着于过往的方法和经验，而坚持有时候会跳出那些方法和经验，是灵活变通的，什么好用就用什么，甚至是从未有过的方法，只要有助于达成目标。固执是封闭和死板的化身，其方法和经验是有形的；坚持是变通和开放的代言人，其方法和经验是无形和创新的。

举个例子，你曾经在拼图大赛中拿过冠军，作品是一头大象，如果接下来还是拿着大象的拼图卡片来拼羊，结果肯定是失败的，因为两幅拼图大小不同，图案也不一样。固执是一而再再而三，用拼大象的卡片尝试拼羊，在一次又一次失败后开始了抱怨和牢骚；坚持则是用匹配的卡片拼羊。

固执的过程中在挫败感的驱使下往往会伴随着抱怨、牢骚和指责，因为曾经有用的经验或方法变得不再有用，就像用大象的拼图卡来拼羊，无论技术多么娴熟，效率多么高，注定是失败的；而在坚持的过程中会有意想不到的惊喜，因为会获得自己想象不到的成果。

雷军说创业是一件十分不容易的事情，尤其是成功者再创业，输的人是大部分。因为你原来成功的因素，在你再创业的时候，反而变成了障碍。你觉得你懂，实际上你并不一定懂。所以，怎样才能把自己完全清空，怎么能把面子放下，是创业者首先要考虑的事情。这是创办小米最大的困难。

人的惯性思维会让我们觉得某个做法或思路某处行得通，那么换个场景也会行得通，所以在撞南墙的时候，不是反思自己的方法或经验有问题，而是一再强调南墙很硬很厚。因此再创业的时候要完全清空之前的成功经验，否则这些曾经的成功因素会成为障碍，会扼杀新方法和新经验的产生。

很多企业高薪从其他公司挖人，让他们成为公司的"空降兵"，企业会认为这些人在原来公司发挥得好，在自己的企业也同样能发挥好，这些人自己也认为自己的经验有用，可以帮助自己新加入的企业。据统计，企业空降兵能安全度过三个月可称为"着陆成功"，超过一年就是"融入成功"，但在当下的中国融入成功的比例不超过10%，也就是说90%的空降兵在一年之内"阵亡"。数据和案例很好地证明了，用过往的经验来解决当下的问题，很多时候

我发现我自己：心的底层操作系统

是行不通的，必须用未知的、灵活的或变通的方法来解决当下的问题，才有可能获得成功。

有人说成功贵在坚持，也有人说真正有智慧的人懂得放弃、及时止损。那么坚持和放弃的关系到底是怎么样的？

一个人的思维高度是看他是否可以同时接纳两种相互矛盾的观点，而且还能够自圆其说。通过前面的讲解，我们已经知道坚持是以目标为基础的灵活变通，任何一种形式的成功，都是达到了某一个衡量标准，不管那个标准是金钱、地位、权力或其他什么。坚持是在去往这个标准的过程当中逢山开路、遇水架桥，直到成功。懂得放弃、及时止损的正确理解应该是：在去往目的地的过程中停止一味尝试却都失败的方法，换一条路或换一个方法继续前进，直到成功。放弃的是无效的方法或行不通的路，从而止损，只是换一个姿势继续向前而已，而不是放弃向前和放弃目标。

特别要注意的是，在坚持的过程中，调整的是方式方法，而不是目标，所以坚持是包含着放弃的，放弃的是过程当中行不通的方法，而不是放弃目标。我们往往犯的错误就是认为自己想到或用到的方法是正确且唯一的，如果达不成目标，那就是目标的问题，所以要降低目标或放弃目标，这实在是对坚持的错误理解。

来看看爱迪生发明灯泡的故事。

早在1821年，英国的科学家戴维和法拉第就发明了一种叫电弧

第二章　我的自我保护在操控我

灯的电灯。这种电灯用炭棒做灯丝，它虽然能发出亮光，但是光线刺眼，耗电量大，寿命也不长，因此很不实用。"电弧灯不实用，我一定要发明一种灯光柔和的电灯，让千家万户都用得上。"爱迪生暗下决心。这就是爱迪生想要达成的目标。于是，他开始试验灯丝的材料：用传统的炭条做灯丝，一通电，灯丝就断了；用钌、铬等金属做灯丝，通电后，亮了片刻就被烧断；用白金丝作灯丝，效果也不理想。就这样，爱迪生试验了1600多种材料。一次次试验，一次次失败，很多专家都认为电灯的前途黯淡。英国一些著名专家甚至讥讽爱迪生的研究是"毫无意义的"。一些记者也报道"爱迪生的理想已成泡影"。面对失败，面对冷嘲热讽，爱迪生没有退却。他明白，每一次失败都意味着又向成功走近了一步。

一次，爱迪生的老朋友麦肯基来看望他。爱迪生望着麦肯基说话时晃动的长胡须，突然眼睛一亮，说："胡子，先生，我要用您的胡子。"麦肯基剪下一绺胡子交给爱迪生。爱迪生满怀信心地挑选了几根粗胡子，进行炭化处理，然后装在灯泡里。令人遗憾的是，试验结果也不理想。"那就用我的头发试试看，没准能行。"麦肯基说。

爱迪生被老朋友的精神深深感动了，但他明白，头发与胡须性质一样，于是没有采纳朋友的意见。爱迪生转身，准备为这位慈祥的老人送行。他帮老人拉平身上穿的棉线外套。突然，他又喊道：

我发现我自己：心的底层操作系统

"棉线，为什么不试试棉线呢？"

麦肯基毫不犹豫地解开外套，撕下一片棉线织成的布，递给爱迪生。爱迪生把棉线放在U型密闭坩埚里，用高温处理。爱迪生用镊子夹住炭化棉线，准备将它装在灯泡内，可由于炭化棉线又细又脆，加上爱迪生过于紧张，拿镊子的手微微颤抖，棉线被夹断了。最后，费了九牛二虎之力，爱迪生才把一根炭化棉线装进了灯泡。此时，夜幕降临了，爱迪生的助手把灯泡里的空气抽走，并将灯泡装在灯座上。一切工作就绪，大家静静地等待着结果。接通电源，灯泡发出金黄色的光辉，把整个实验室照亮了。13个月的艰苦奋斗，终于有了突破性的进展。

经过进一步试验，爱迪生发现用炭化后的日本竹丝做灯丝效果最好。于是，他开始大批量生产灯泡。他把生产的第一批灯泡安装在"加内特号"考察船上，以便考察人员有更多的工作时间。此后，电灯开始进入寻常百姓家。

人们一直使用这种用竹丝做灯丝的灯泡。几十年后，改进为用钨丝做灯丝，并在灯泡内充入惰性气体氮或氩，灯泡的寿命又延长了许多。我们现在使用的正是这种灯泡。

爱迪生发明灯泡的过程就是坚持的过程，他的目标就是发明一种灯光柔和的电灯，让千家万户都用得上。在这个过程当中，爱迪生并没有"死磕"在炭条上，用长的、短的或粗的……

78

第二章 我的自我保护在操控我

　　我想说的还是心态的部分,要坚持一件事,一定要怀有开放和空杯的心态,如果一种方法行不通,需要换另一种方法的时候,千万不要轻易给还没有试用的新方法判死刑,要给任何一种新方法机会,不要用自己的成见去衡量。就像爱迪生一样,对胡须也是一视同仁,又误打误撞地发现可以用处理过的棉线做材料,才有了突破性的进展。

我发现我自己：心的底层操作系统

九 欲望正在"占据"我

欲望和理想、成熟和世故的界线随着社会的发展和进步，似乎越来越模糊了。白岩松说，当世界上的所有人都把欲望当作理想，把世故当作成熟，把麻木当作深沉，把怯懦当作稳健，把油嘴滑舌当作智慧，那只能说这个社会的底线已经被击穿，所以你们没有资格说我的勇敢是莽撞，执着是偏激，求真是无知，激情是幼稚。

人在吃不饱的时候，为了生存甚至可以放下尊严，那是人要首先满足最基本的需求。在衣食住都无法满足的情况下谈高大上的自我价值实现，显得很苍白。可在现在人人都不用再为吃穿担忧的年代里，却没有多少人真正活得开心，更别提幸福了。

记得我姑夫说过，他年轻的时候，想着有一辆凤凰牌自行车就很满足了，想象骑着它出去做生意，真是美好；后来他又朝思暮想有一辆幸福牌摩托车，觉得一生肯定就别无他求了；再后来他买了一辆轿车，然后嫌动力不够又换了一辆大排量的皮卡车。

人们感觉现在年味越来越淡，我猜可能，第一是因为平时吃

第二章　我的自我保护在操控我

的就已经是鸡鸭鱼肉，不只过年才有得吃；第二是平时亲戚间少走动，过年见面也没什么话题聊，不是买车就是买房，不是逼婚就是催生娃。大家都不聊精神世界的话题，不关心一年来你开不开心，只要你买车买房就默认你开心，就默认你过得不错；同样也不会关心你累不累，只要你能娶个漂亮的老婆生个聪明的孩子，就默认你幸福。

我发现我们一直追求的很多东西，需不需要不重要，重要的是比不比别人的好，只要比别人贵、比别人多就是成功的。比如，我的车子比身边人的贵得越多就越说明我成功，我的房子比别人的越多也越说明我成功。这样的价值观已经深深扎到现代人的潜意识里。这么说来，欲望其实也有它积极的一面，会推动人进取。若没有本能的生存欲望，人类可能就灭绝了；若没有高级的消费欲望，社会也很难发展。可反过来，物质的丰富也没有让我们更快乐。

攀比是欲望的一个代名词。除了最原始、最基本的生存需求外，人的绝大部分欲望都来自攀比。攀比让我们不知道自己真正要的是什么。很多家长只会比较孩子的成绩，所以给孩子安排各种补习班，却缺乏对孩子心灵成长的关注。本该天真烂漫的童年被各种补习班占据，最后往往是孩子的成绩上去了，智商也高了，可家长发现已经管不了孩子，见识广、智商高的叛逆期孩子，让家长们手足无措。所以家长们得好好区分一下，自己想要的是孩子的未来还是自己的面子？

我发现我自己：心的底层操作系统

在追求名利的过程中，其实已经有很多人对它深恶痛绝，但已经被"绑架"得服服帖帖，无法挣脱。农村有一个普遍的现象，亲戚家都造新房了，我家还是旧的，为了争口气，借钱也要造起来，借不到钱的话有多少钱先造多少，然后出去打工赚钱继续造。为了一幢房子，往往就是前半生努力赚钱，后半生努力还钱，一辈子就为了造这个房子。

低级的欲望，无论是肉体的还是精神的，通过放纵就能轻而易举得到。比如食欲，花点小钱吃个火锅、牛排、麻辣烫、香辣小龙虾……现在这个年代里很容易办到，购买的渠道又多又方便，美团、拼多多、大众点评，一键下单直接送货上门。

近几年，"奶嘴理论"被大家熟知。这个理论是美国著名战略学家布热津斯基于1995年在美国旧金山一个会议上提出来的。这个会议集合了全球500多名精英，号称要讨论解决"全球化"带来的一系列问题。其中最迫切的一个问题是贫富分化。世界上20%的人占有80%的资源，而且这个比例还在愈演愈烈，那么将来会不会发生剧烈的阶级冲突呢？布热津斯基说，谁也没有能力改变这个"二八现象"，解决贫困人群不满的办法只有一个，就是在他们的嘴里塞一个"奶嘴"，安慰他们的情绪。虽然这不能解决问题，但是也不会发生更严重的后果了。

那么这个"奶嘴"是什么呢？主要指发展两种产业。第一种是

第二章 我的自我保护在操控我

发展发泄性产业，包括色情业、赌博业、暴力型影视剧、游戏、体育等。第二种是发展满足性产业，包括娱乐节目、明星八卦等。有了这两种产业，一般大众的时间就会被挤满。布热津斯基说："公众们将会在不久的将来，失去自主思考和判断能力。最终他们会期望媒体为他们思考，并做出判断。"

只需要我们放纵，就可以得到"奶嘴"，放纵越多得到越多。就像挂在嘴边诱人的"肉"，张口即来，入口即化，试问谁能够抵挡得了？感官刺激带来的满足感，真实又短暂，短暂的满足感后，空虚和无处安放的小情绪就来了，为了获得真实又长久的满足感，最终就是"娱乐至死"。这就好比抽烟，抽烟的时候心满意足，没过多久烟瘾又来了，所以不得不再点上。

回到现实，蹲在角落一边充电一边刷剧或玩手游的人到处都有，公交车上、火车上低头刷抖音、声音很大看剧的人比比皆是。给我印象深刻又令我震惊的是，在给一些大学生的培训课里，问及职场或人生的一些问题，他们知道的少之又少，他们很多的记忆都只停留在高中甚至是初中，眼睛里散发的是无奈和迷茫。为了让他们知道我在说什么，我不得不尽我所能用游戏、美剧、韩剧、网络流行语等来解释。

我发现我自己：心的底层操作系统

十　无欲不代表无求

也许在很多人眼里无欲是件很可怕的事，似乎就意味着要失去自我，这曾经也是我所恐惧的。做培训总是和人打交道，沟通过程中避免不了说到方法，又从方法说到心法，就会聊起欲望太多之类的话题，从而说到要去除欲望。我曾经对去除欲望的理解就是要放弃自己追求和喜欢的，比如要放下功名利禄，放下前途发展，放下喜欢的人，甚至要放下家人。如果都放下了，人活着是为了什么呢？想到这些不免后背发凉，难免心生恐惧和抗拒。

人的年纪越来越大，责任也会越来越重。从一人吃饱全家不饿，到赚钱养家；从人微言轻到别人付费来接受我的培训；从T恤牛仔到西装革履，追求的东西越来越多，想要的东西越来越贵，心就开始浮躁，脚步开始加快，逐渐步入欲望不被满足就痛苦和满足之后则无趣的人生，所有的痛苦、快乐或无趣都被欲望牵制。说到这里，有人会觉得，人生不就是这样吗？目标也好，欲望也罢，达成了当然开心，达不成就失望，这不是很正常吗？

第二章 我的自我保护在操控我

的确，大部分人都是这样，树立一个目标，然后朝着目标的方向前进，一路风雨无阻、激情四射、披荆斩棘，失落以后"喝点鸡汤"调整心态还得整装出发，辗转反侧直到成功。轨迹都是这个轨迹，过程中会一再出现不如意和痛苦。就像小猫钓鱼，焦急等待鱼上钩的时候，看到蝴蝶满心欢喜，放下鱼竿去抓蝴蝶，抓到了开心，抓不到就失望，不管抓到与否，最终还得回去拿起鱼竿钓鱼，发现抓蝴蝶就是梦幻泡影，抓到的开心是水中月，抓不到的失望是镜中花。它们不存在吗？那为什么如此真实？它们存在吗？那它们又在哪里？

人的一生不就像小猫钓鱼吗？在焦急的等待中鱼迟迟不肯上钩，蝴蝶飞来了，青蛙游来了……试问有多少小猫能够耐得住寂寞，持续守候鱼儿上钩？

蝴蝶便是欲望的化身，青蛙也是，抓到了蝴蝶能够回来安心钓鱼的人，其实是幸运的，更多的人是抓到了蝴蝶又贪心想抓青蛙，抓不到蝴蝶也贪心想抓青蛙，不管抓到与否，越跑越远，最后找不到回去钓鱼的路，迷失在了路上。

这个社会已经默认了这样的轨迹。如果你是小猫，你会发现在身边一起钓鱼的人，一个个都跑去抓蝴蝶、抓青蛙了，一去不复返，留下了一根根鱼竿。你一直守着自己的鱼竿也不见鱼上钩，身边尽是跑来跑去抓蝴蝶、抓青蛙的欢声笑语，偶尔你还听到欢声笑语里夹杂着对你的嘲笑，他们嘲笑你木讷，嘲笑你不食人间烟火。

把欲望当理想，就像我们把抓蝴蝶、抓青蛙当成我们真正的追求，从而迷失在追逐欲望的深渊里。又发现身边的人也都和自己一样，便告诉自己这是正常的，因为大家都这样，否则要面对自我立场的质疑和身边人异样的眼光。

我也曾是只小猫，面对自我质疑的时候选择了妥协，面对别人眼光的时候选择了随从，迷失在追逐蝴蝶的路上，幸运的是我及时发现了蝴蝶的伪装，回到了钓鱼位上等待鱼儿上钩。没有欲望不代表没有追求，而是要知道自己真正想要的是什么，不再去追求那些梦幻泡影，能够沉得下心好好钻研。

为什么一般人说到无欲都觉得是个笑话，或者产生恐惧和抗拒呢？

是因为那只小猫还没有找到自己的鱼竿，不知道真正要做什么。如果你是那只小猫，面对一个池塘，不知道自己来干什么，迷茫之际，身边又飞来各种蝴蝶，不管是谁告诉你那是假的、空的，不要去追，你都不会接受。甚至那个人也包括你自己，即使是你自己告诉自己不要去追蝴蝶，但又不知道要去干什么，只能在原地徘徊，就会生产恐惧和焦虑。为了化解恐惧和焦虑，哪怕你知道是空的、假的，也会去追蝴蝶，这便是大部分人的状况。

我们每个人都应该追求一些什么，但要明确的是，追求的不应该是欲望，欲望是一个接一个的无底洞，追求到了这个就会有下一

第二章 我的自我保护在操控我

个,追求不到就会产生失望和痛苦。当你不再追求欲望的时候,便是知道了真正应该追求的是内心的快乐和身体的健康,只有围绕着内心当中真我的时候,一切才会变得简单和快乐。

网上有个"扇子哥",他坐在地上拿一把白扇子和一支毛笔,画一把白扇子50块钱,画的是《芥子园》,一笔一画要画一个小时。这和做人一样,要实实在在。"扇子哥"每天下午5点多来到书院门口,画到晚上11点,只画5把扇子,一把扇子50块钱,他说扇子成本是8块钱一把,5把扇子是40块钱,他画的是情怀和热爱。这种看似无欲的人,其实是有追求的,只是他追求的不是每天赚多少钱,而是简简单单的快乐。

我们很多人都有这样的想法:钱可以换来良好的生活环境,良好的生活环境可以带来开心、快乐、幸福……有钱就等于开心、快乐和幸福,所以只要不断赚钱就可以了。真的是这样吗?现实可以证明,有钱人并不一定开心,幸福也并不一定要很多钱。可以肯定的是,钱确实可以提升幸福指数,同样也可以肯定的是,钱不等于幸福。当我们错把钱当成幸福,执着于赚更多钱的时候,钱就成了欲望,我们弄错了追求的对象。钱仅仅是钱,车仅仅是车,房也仅仅是房,我从来不去否定它们,也不把它们当成洪水猛兽,我只想告诉大家,不执着于它们,它们便不是欲望,就无法占据你,你就能得到轻松和快乐。

我发现我自己：心的底层操作系统

十一 抱怨正在"奴役"我

抱怨也许是这个世界上最廉价的发泄方式，因为没有成本，也不需要承担责任，所有问题都是别人的，所有责任也是别人的，只需把自己放在"受害者"或弱者的位置指责别人。

抱怨是心理压力释放的表现。遇到困难我们要抱怨；碰到不称心的事我们要抱怨；天公不作美我们要抱怨；有别人在身边抱怨，我们还要抱怨他的抱怨太多。我们走在路上、坐在公交车上，总能听到那些抱怨者们张牙舞爪地抱怨工作、抱怨生活、抱怨不如意……

抱怨的原因，我想应该是很多事很多人没有往我们想要的方向发展，甚至朝着反方向越走越远，使我们失去了把控和耐心。抱怨可以让我们的心态获得某种平衡，和逞口舌之快是一个道理，甚至和在背后说别人坏话有"异曲同工之妙"。

当我们面对一个不是我们想要的结果，就会心生怨恨、排斥或批判，这是对那个结果的抗议，可仅仅只是抗议，那个结果并没有因为报怨而改变。

第二章　我的自我保护在操控我

如果把抱怨比喻成某种药，那么它的优点是，不需要成本，老少皆宜，饭前、饭后都可服用，痛快，效果立竿见影，有很强的传染性；缺点是，使用者越来越失去力量和激情，上瘾；注意事项是，适当使用可博得别人的同情，频繁使用会引起别人的反感。

抱怨久了会形成习惯，会上瘾。其实每个人都有一定的正能量，可以之对抗负能量，所以当我们遇到不顺心的时候，不会一下子就暴跳如雷，而是要等负能量慢慢积累到一定程度才会决堤。好比我们每个人都是一个水杯，你是1升的，我是1.5升的，他是2升的，倒入的水在1升以内，三个水杯都不会溢出，超过1升，就有一个杯子开始溢水了，超过2升，三个杯子都溢水了。抱怨足够多、足够久，正能量就会为零，一遇到不顺心的事马上就决堤。

抱怨是"我"的外壳的一个"化身"，"我"在壳里操控抱怨，让抱怨抵挡各种"威胁"。婚姻里自己带孩子的女人成为"怨妇"的比比皆是。女人天生细腻敏感，当她有太多事要管，希望往自己想要的方向发展，可现实却十之八九不如意时，为了发泄不如意，抱怨便是首选。抱怨会给我们带来些许心理平衡，我们的潜意识会发现原来抱怨有效，就会在以后的生活中扩大和延续这种有效。就像吸毒，当时心满意足，没过多久毒瘾再犯，只能越陷越深。人一旦开始抱怨，尝到了甜头，便无法自拔，而且报怨会像病毒一样在人群里迅速蔓延。

我发现我自己：心的底层操作系统

其实，抱怨是无能的表现，如果万事都在掌控之中，你还会抱怨吗？《三国演义》里诸葛亮答应周瑜三天之内打造十万支箭，是因为他早有草船借箭的计谋，自然不会抱怨。若你发现单位某位领导总是抱怨，他的抱怨声便是告诉大家他已经无法控制局面，他的能力已经不再能支持他解决当下的管理问题和业绩问题，抱怨是他逃避自己责任的方式。

抱怨可以控制人，你抱怨的时候，把矛头指向对方，让对方看到自身的错误，对方会低头认错，从而你达到操控别人的目的。以这种负面方法达到目的，容易让人反感，没有人喜欢被指责。但对抱怨的人来说，这种方式既可以发泄不满，又可以达到目的，就是有效的，就会养成习惯，而这个习惯一旦养成，就会不受自己控制。

抱怨者用抱怨的方式来表达需求或寻求关注。抱怨者不会说"亲爱的，我们晚上一起吃饭吧"，而会说"你看你这么忙，每天陪客户吃饭，陪领导吃饭，都没有陪我吃过饭"，两种表达目的相同，但后面这种同时也表达了不满和愤怒，抱怨是带着愤怒的表达。

十二　不抱怨的世界

要做到不抱怨，靠硬憋是不行的。就像治水，要靠疏导，而不是把水堵起来，否则迟早有一天是会决堤的，决堤的时候来势更猛。在理论层面谈不抱怨很简单，遇到实际问题时想要不抱怨却很难，那不仅是方法的问题，更是心法的原因。

有一本书叫《不抱怨的世界》，书中提道：一本书，一只手环，改变爱抱怨的你，成就不抱怨的世界。你可以带上一个紫色的手环，如果你发现自己抱怨了就换一只手戴，如果再发现自己抱怨了再换一只手戴，只要是发现自己有了抱怨，两只手就轮换着戴，哪怕是抱怨别人的抱怨也不行，直到坚持21天不抱怨才算成功。书中指出抱怨带来的后果，要少抱怨，要多一些热情，多一些理解，多一些配合，多一些反省，多一些学习……如果仅仅是这些，我相信很多参加这个戴手环活动的人，都会有受气包的感受，这是因为没有真正找到导致抱怨的原因和解决那个原因的办法，只是在"症状"上下药。做到不抱怨，不是扼杀抱怨，把抱怨的话烂在肚子

我发现我自己：心的底层操作系统

里，而是要做到不产生抱怨，前者治标，后者治本。

为什么要不抱怨？抱怨多了仿佛身上装了无数把枪，让人无法接近，不抱怨就是放下那些枪，让人与人可以更近距离相处。有成就者都不是抱怨者，而是责任者。不抱怨才可以获得良好的企业文化和家庭氛围。常抱怨的人会把自己当成法官，给这个人定罪，给那个人判刑，但就是从来不会找自己的问题。那些抱怨者，不管别人是不是想听，就把自己的不满和情绪发泄给身边人，然后继续浑浑噩噩生活，我看不出这种抱怨的意义何在？

人的本性是追求幸福、逃避痛苦，所以我们的潜意识是不允许找自己的问题，把"枪口"对着自己的，要真正做到不产生抱怨，就要反其道而行之，找自己的问题，把"枪口"对准自己。

"枪口"对着自己，对着自己的哪里呢？对着自己藏在壳里面的"我"。我们的一切都是藏在壳里的"我"在操控，所以要把枪口对着这个"我"。一个人只有发现自己有责任、有问题的时候，才不会去过多抱怨别人；不以为自己有错、有责任的时候，便会站在道德或标准的制高点对别人指手画脚。

当我们伸出一根手指指着别人的时候，是不是有三根手指同时指向自己？所以，在准备抱怨、指责别人之前，先来找找自己的三个问题。当我们沉下心来找自己问题的时候，抱怨的情绪也在一分一秒中消失了。这就是向内看，向那个壳里的"我"看，拿三把枪

第二章　我的自我保护在操控我

对着"我"，每一把枪上都贴着"我"的一个问题，那么"我"就不好意思去抱怨别人了。只有降服了"我"，才不会产生抱怨。这才是治本之法。

擒贼先擒王，把枪口对着自己就够了吗？当然不够，这只是第一步，第二步需要我们付出行动去改变、调整或补救。举个例子：下雨天的时候，你下班疲惫地回到家，发现你的孩子兴高采烈地淋着雨回来。我想接下来的时间里，你的孩子肯定会在被批评教育中度过。你会批评他不懂事，教育他淋雨会感冒，还要给他……与其说你是在批评教育，不如说你是在抱怨。

为什么说这是抱怨而不是教育？教育的焦点是对方，真正为对方好；抱怨的焦点是自己，是抱怨对方给自己添了麻烦和烦恼。孩子淋了雨，你要给孩子洗澡、洗衣服，添了麻烦、添了烦恼，损害了"我"的利益，于是产生了抱怨。

不抱怨，不是把那些"教育"的话压在心里不说，而是要找到自己在这件事中的责任或问题。在这件事中，我们要做的第一件事就是马上给孩子换干净的衣服，而不是在所谓的教育中让孩子感冒。其次是反省一下自己在下雨天是否关注孩子，是否给孩子准备雨具并教会他使用，是否曾经提示他淋雨会感冒。最后要做的是下一次下雨天的时候更加关注孩子。

做到这些，孩子能感受到无条件的爱，这才是教育。抱怨是

我发现我自己：心的底层操作系统

有条件的爱，也就是只有孩子听你的话，不惹你生气，不给你添麻烦，你才会爱他，这就成了一种交易。所以，当你不抱怨的时候，换来的是成长，减少的是烦恼和麻烦。

　　做到不抱怨，还要做到对别人的事少评判。如果我们对错感太强，很容易自找烦恼。当你走在路上，突如其来一辆车开过，溅了你一身水，你马上破口大骂"没有素质，不长眼睛"。那个人有没有素质，长没长眼睛，其实和你无关，他并不会因为你的一句骂而变得有素质或产生烦恼，反而是你自己恼火不已。停下这种看似正义的评判会让我们减少抱怨。

十三　放下对自我的保护，就不会那么难过了

这一章中我用了很大篇幅描述由"我"产生的一些负面心理，包括恐惧、焦虑、固执、欲望、抱怨。其实还有很多类似的心理状况都是由"我"操控产生的，"我"就像傀儡师一样，操控很多线，每一条线就是我们的一种负面心理。

相信每个人的身边都会有那么几个没有什么追求，没有什么斗志，也没有什么激情的人。他们每个月拿两三千块钱的工资，不会接受挑战，也不会创新，更没有改变，除了年龄增长，每年没什么不一样。这类人的"我"在壳里非常安全，被保护得妥妥的，不会受到一点点威胁。

这类人并非不好，相反，他们的幸福指数比其他人还要高一些，比如《蜗居》里的苏淳。苏淳在剧中是一个"窝囊废"，家中的海萍非常强势，苏淳总是被她牵着鼻子走。苏淳其实是个好男人，在"能屈"方面尤其突出，每次海萍回家，苏淳总是说"老婆回来啦！"亲近又热情。有矛盾的时候，苏淳大多数时候都先忍后

我发现我自己：心的底层操作系统

让，海萍把他的烟从窗口扔出去，他赶紧出门去捡；海萍骂他没有上进心，别人都升科长而他还是小职员，他当时会有些气愤，回过头马上又好了。在生活上，苏淳有时还有一些幽默感和阿Q精神。还真不能用上进心、努力奋斗"绑架"这样的人，他们过得还真比一般人开心。当然，这也并不是让大家成为那样的人，如果不是那样的性格也是学不来的。

　　我们大部分人至少在思想上有上进心和奋斗志向，只是有些人会通过行动努力，有些人只是想想而已。上进的人不免经历悲伤和痛苦，因为有努力就会遇到困难；有奋斗就会有失落，有挑战就会有恐惧。有了困难、失落、恐惧的时候，那个壳里的"我"就受到了威胁，就会感觉到不安全，便产生悲伤和痛苦。

　　那些"苏淳们"因为不迎接挑战，不去改变，不刻意上进，他们的"我"在壳里非常舒服，也就不会有悲伤和痛苦。海萍会要求苏淳努力往上爬，过更好的生活。确实，苏淳因为不接受挑战也不参与风险，自然错过了很多风景。马云说，这个社会正在偷偷惩罚那些不改变的人，他们都在为自己的人生付出代价。其实那些人根本就没有发现自己在被社会淘汰和为此付出代价，还认为自己过得很好。没发现不代表不存在，只是他们看不见，对他们来说就等于没发生。努力上进的人，能发现身后有老虎在追，所以他们一直拼命跑，这一跑悲伤就来了，痛苦也来了。

第二章 我的自我保护在操控我

有人说，我既不想做苏淳那样的人，也不想因为奔跑而有悲伤，怎么办呢？

答案就是：放下对自我的保护。放下对自我的保护就不会那么悲伤了。初看这句话感觉有矛盾，一般的理解是，对自我保护才不会有悲伤。当你向上的时候，自然就会有阻力，有阻力就会有痛苦，那个"我"为了不让自己痛苦，就会释放恐惧、焦虑、固执、自以为是……来让你放弃，让你失败，从而达到保护"我"的目的。所以，当我们放下对自我的保护的时候，自然也就不会有痛苦。

放下对自我的保护说说简单，做起来很难。

放下对自我的保护，就像摔倒的时候双手不会条件反射地保护自己，使脸直接着地；也像被针扎到后不会马上缩手，而是一直让针扎到肉里。自我保护是一种条件反射，目的是为了减少伤害，让自己安全，放下自我保护是反自然的行为。我们不能放下物理反射的自我保护，我们要放下的是心态上的自我保护。被骂的时候，并不是所有人都会受到心理伤害，只能说一部分人会难过，还有一部分人根本不在乎。受到伤害的人，反而是自我保护的人，他们在乎自己在自己和别人心目中的形象，就容易在心理层面受到伤害。不在乎的人根本不关注或放下了"我"，自然就不会受伤。

所以身体被攻击，谁都会受伤，而心理被攻击，不一定每人都会受伤。"无我"并不是没有我，而是没有了产生悲伤和痛苦的根

我发现我自己：心的底层操作系统

源。恐惧也好，焦虑也罢，都是我们对当下环境判断的一种表现。走夜路会害怕，因为我们不知道什么时候、在哪里会有危险，那是我们无法掌控黑暗和未知的一种恐惧；公司经营不好，发不出薪资的焦虑，是我们对成功的渴望与对破产的恐惧之间的落差产生的心理反应。

要做到放下对自己的保护就要做到"无我"，有三种方式我们可以循序渐进地尝试。第一种是不要把自己看得太重，要把自己当普通人看，把自己的姿态放低一点，把别人当重要的人看待，太关注自己就会陷入"我"的感觉里。第二种是接纳自己的不完美，不要把自己看成是圣人或完美的人，完美的人根本不存在，要打破心里自己的完美形象，认同自己也会犯错，允许别人看到自己不足的地方。你得明白，万物都有裂痕，那是光照进来的地方。第三种是尊重客观事实，不要无限放大别人的错误，却包庇纵容自己的错误。

第三章　决定我的是什么

　　有了前面两章的铺垫，从第三章开始，着重分享一些对"修行"的认知。如果你有修行的经历，可能会更好理解我的表达；如果没有过修行经历，那么你可以用逻辑分析和判断来理解我的内容。我个人认为这些认识具有一定的普世价值，无论是做企业，还是自我提升，都会有收获。

　　修行，其实就是修心。任何心以外的东西，都是心的投影，正如有句话说：物是主人心。在这一章里面，我所有的表达方向都会和心有关，修行的过程就是修心的过程，让心变得更细腻，让心的"刻度"更小，就更能洞察自己。

我发现我自己：心的底层操作系统

一　你要什么

"你要什么"简简单单四个字，难倒多少好汉！我们上学、上班、创业……每天忙忙碌碌，是否真正知道自己要的是什么。你可以问问朋友们，听听他们是怎么回答的。

我想讲一个故事。

有位父亲，每天很忙、很忙、很忙，7岁的孩子问了爸爸一个问题："爸爸，你要工作多少时间？"

爸爸说："我要工作10个小时，还有很多事要做。"

孩子又问："爸爸，爸爸，一天你挣多少钱？"

"我一天能赚200块。"

孩子很聪明地说："那一个小时20块钱，爸爸，是吗？"

爸爸说："是啊，一个小时20块钱。"

孩子说："爸爸，那你能借给我10块钱吗？"

爸爸拿出10块钱给孩子，孩子很开心，拿着这10块钱，又从他的小钱柜里面翻出一个个硬币，一共也是10块钱，加在一起刚好20

块钱,他把这20块钱交到爸爸手里,说:"爸爸,我给你20块钱,你陪我吃饭吧,我很想你跟我吃一顿饭,你别到外面去挣20块钱了。"

我的朋友,你真是那么忙吗?忙到陪孩子的时间也没有了?陪妻子或丈夫的时间也没有了?陪父母的时间也没有了?你究竟要什么呢?你天天忙碌究竟是为了什么呢?

我们真该好好问问自己"你要什么"。

要想弄明白这个问题,不要向外去求,而要向内去找。我们不要一味追求贵的、好看的、稀少的东西,如果掉进了这个陷阱,就会迷失自我,成为那些东西的奴隶。可现实中,很多人就是这样,被花花世界迷惑,因为我们不知道自己真正想要的是什么,所以流行什么就用什么,什么好看就要什么,什么好吃就吃什么,有时候买了很多东西却一次也没用过。我从小生活在农村,农村有个现象就是前半生赚钱盖房子娶媳妇,后半生赚钱还债,人家造房子我们也造房子,人家是那样的款式我们也要那样的款式,很多人一生都在跟风。不论是向外求还是跟风,最终的结果是得到一大堆东西,心里却空荡荡,这些"战利品"除了向别人展示,平时就是放着积灰。

知道自己要什么,才能活得有主心骨,才能活得精彩。这种精彩其他人模仿不了,除非他们也知道自己要什么。只有知道自己要买什么,进了商场才能直奔主题,不会流连其他货架。当然,这个比喻不太恰当,逛商场买东西当然可以随便挑随便选,可对于自己

我发现我自己：心的底层操作系统

内心的需求，还是直奔主题为好。

有一天，我和一个朋友在我家席地而坐，喝茶聊天，其间他说，很多次他下决心做一件事，做到中途总会有人找他谈其他的项目，一开始他并不为之所动，慢慢自己遇到了困难，而且困难越来越大，希望越来越小，而找他说项目的却人越来越多，项目看起来一个比一个好赚钱，一个比一个"闻"起来更香。他加入了别人的项目，最后才发现，这些项目远没有原来自己的项目好！

我想他的经历很具代表性，他的追求并不强烈，过程中不够坚定，容易忘记初心。找到自己真正想要的东西，要经历一段向内心探索的漫长而艰难的旅程。生活中很多人只关注物质的需求和满足，而不会去关注内心的需求，所谓"聪明人"都不愿意投资这个漫长、艰难而又不一定有结果的"买卖"。

有一次我搬家，大大小小打了很多包，密密麻麻放在大厅里，我室友从房间里走出来，我就对他说："东西太多了，想找的东西找不到。"室友看了看那些包，笑着对我说："东西太多就不是你的了。"我瞬间像是被电击了一样，他的话深深触动了我。要得太多，那些东西反而不是我们的了，我们已经无法掌握和使用它们了。不能真正拥有的东西，和归不归属于你已经没有关系了。所以，你会发现自己真正想要的东西，肯定不会太多，如果想要的东西太多，就表示你还没有真正找到自己想要的。

第三章 决定我的是什么

在我的体验式课程中，我会做一个"你要什么"的环节，帮助学员向找到自己想要的东西的方向更进一步。

我问大家："你们要的是什么？"基本每次课中，都会有人说："我要钱。"我接着又问："要多少钱？""很多钱。""很多钱是多少钱？""额……不知道。"

我们的助教会给每位学员发一支笔和一张纸，请学员在纸的正中间写下自己的名字，在名字后面加上"的五样"字样，比如：张三的五样。然后在纸上列出自己生命中最想得到或保留的五样东西，可以是实在的物体，比如食物、水或钱；可以是人，比如父母、孩子、妻子、朋友；可以是动物，比如你的爱犬；可以是精神的东西，比如宗教、学习；可以是你的爱好，比如旅游、音乐或吃素；也可以是一些感受，比如健康、快乐、幸福。总之，可以天马行空，只要把内心最珍贵的五样东西写出来就行。最后，我会引导学员一样一样删掉直到留下最后一样，我们就能知道自己真正需要的是什么。

我发现，大家写下的大都是"亲情、友情、爱情、健康、快乐、父母、妻子、孩子、事业、家庭"等，在删减的过程中，顺序有所不同，留到最后的各不相同。但令人惊讶的是，竟没有人把"金钱"保留到最后，甚至把它保留到最后两三项的也出乎意料得少。现实中有太多利欲熏心，为了金钱不惜一切，但真正认真探索

我发现我自己：心的底层操作系统

生命中最重要和最想要的东西时，几乎所有人都把金钱抛掉了。

我们最终所追求的东西一定不是物质的，一定在精神的世界，物质是我们追求最终需求过程中的一个要素。

越早想明白自己想要什么越好，目的性越强越好，成功者往往都非常明确自己想要什么，即使大部分人都会讨厌目的性强的人。但只有弄明白了自己想要什么，才不会随波逐流，才会有"定海神针"，解决了根本性问题才能有自信和有动力。如果你是创业者或企业高管，一定得弄明白这个问题，否则企业的发展会随风倒，只有你自己弄明白想要什么，才能找到一群和你有同样追求的人。兵法有云"上下同欲者胜，风雨同舟者兴"，同欲就是一群目标一致的人在一起，这就是团队的原动力，一个团队是否有战斗力就由这个基因决定。

平时要把这个问题放在心中，一有空就问一问自己要什么，特别是在困难当前和大难之后，也许你不经意间灵光闪现，就找到了自己想要的东西。这是一个没有标准答案的问题，但不能因此就把它放在一边。如果你想获得不一样的人生，充实又不留遗憾，那么就去寻找这个问题的答案吧！

第三章 决定我的是什么

二 你的发心是什么

"发心"这个词最近越来越多出现在大众的视野中，特别是在商场上，投资一个项目，加入一家公司，跟随一名领导者，首先考虑的便是那个人的发心是什么。原因何在？因为发心是什么，结果必定会是什么。以往人们做事想着干就是了，不必想那么多，可现在创业的人越来越多，失败的人越来越多，成功的人也越来越多，失败的人总结失败的经验，成功的人总结成功的经验，发现原来成功与否很大一部分取决于创始人的发心。

小米创始人雷军认为，一个好的公司名字，要有商标、有域名，含义不错、朗朗上口，在公司名字的选择上花时间，就意味着会花时间在业务、招人等方方面面，就表达了信心和决心。能做大的公司从起名字的时候就花了很多工夫，名字一亮出来，就知道这个公司与众不同，联想、百度、腾讯、华为、中兴，其实好听的名字就赢在起跑线上了。雷军投资公司的时候，总是不厌其烦地要求他们取最好的名字。

我发现我自己：心的底层操作系统

　　这也是一个解释发心的角度，一个公司如果有强烈的发心要与众不同，那么创始人肯定会在取名字上绞尽脑汁，若没有强烈的愿望把公司做好，自然也不会花时间去想好听且有意义的名字。当然，公司名字好听并不一定能成功，但成功的公司名字一般比较好听。

　　我注册"杭州创造"公司的时候，想了很多名字，还特意付费找精神分析专家提供意见。在确定用"创造"之前还有两个备选名字——"大力神"和"西西弗斯"。"西西弗斯"虽然寓意不屈不挠，但表达的是一直都在推石头的过程中，没有结果，而"大力神"给学员感觉是，参加了课程就会像大力神一样有力量和激情。公司用过"大力神"一段时间，后来有合伙人反馈"大力神"会让人联想到其他产品，而且已经有公司注册了"大力神"商标。最终在一次课程里，我自己提到了"创造"这个关键词，突然就想到可以用它作为公司名称。

　　但"创造"含义较虚，似乎没有"根"，不像"大力神""西西弗斯"那样有故事或有形象，到底"创造"什么呢？公司开会的时候，我提出了这个疑问，大家集思广益，得出结论：创造价值和价值创造。最后大家达成共识——创造价值，所以就把我们体验式的训练以"创造价值"来命名，寓意这是一个可以为每个参加者创造价值的课程，公司的明天也需要我们每一名合伙人去创造，同时也告诉每一名学员万事皆由自己去创造。

第三章 决定我的是什么

和"你要什么"一样,你的发心是什么也是没有标准答案的,注册公司也好,找工作也罢,甚至是找男女朋友,都需要一个精神层面的发心,而不是物质层面的发心,仅关注物质,就不是发心而只是一个目标或欲望。发心,一定要从精神的层面出发,而且必须积极正向。

我有一个朋友,30多岁,在朋友的介绍下匆匆结了婚。一开始,我就知道她结婚的目的就是为了完成任务,还苦口婆心劝了一段时间。最后她还是选择结婚,婚后生了孩子,夫妻俩经常为一些小事吵得不可开交。后来她离婚了,我问是什么原因,她的理由竟然是那个男的太小气,不给孩子买好的衣服。这个理由是多么的荒唐,两个真正想结婚过日子的人,不会因为那么点小事就离婚,天天喝稀饭吃咸菜也会相互关照、彼此支持。这场婚姻失败的根本原因就在于这两个人从一开始就没有感情,只是为了完成任务而结婚。所以,你的发心是什么就决定了结果是什么。

现在还有很多人会说我要赚10亿,培养100个亿万富翁,1000个千万富翁一类的话,如果暂且把这些当成是他们的发心,那么当有一天这些都实现了,他们接下来要怎么办呢?是不是意味着路已经走到头了呢?所以,一切以物质为基础的发心都只是目标,不是发心。如果在创业路上把发心和目标混为一谈,那么自然就会吸引相同的人,有钱赚就在一起,没钱赚就大路朝天各走一边,这个团队就不会有"魂"。《亮剑》的精神就是明知不敌对手，还要敢于亮出自己的宝剑，就是李云龙所认为的军魂，这么一来他的思想境界就高了，看问题的角度就不同了，他不认为大炮、兵力才是军魂。个人也是一样，有了真正良好的发心，那么这个人也就在言谈举止上有了魂，和他有相同魂的人，就会与他聚在一起。

发心，一定要是利他的，如果只是利己的，那么也是目标，而不是发心。不物质的发心，利益诱惑不了；利他的发心，会有无限力量。

第三章 决定我的是什么

三 你愿意挑战的是什么

明白了自己要什么,也找到了发心,接下来就是要开始行动,那么,行动什么?向哪里行动?这是做项目、开公司落地时要面临的问题,它会直接影响最终结果。在这里,我们来看一看在"心"的层面,应该怎么运作。

人的本性是追求幸福,逃避痛苦,所以在挑战这件事上,我们会不由自主地选择逃避。在体验式训练的高级课中,有些学员在课程当中信心满满,下了课就是另外一种表现;有些学员参加了第一次课,就不想再继续了,反馈的结果基本上都是因为不想再接受后面的挑战。

一名销售人员要想有业绩,拓展客户是必不可少的,无论是打陌生电话、发邮件,还是发传单,都会对业绩有所帮助。但偏偏这一环是最磨人的,因为你要挑战的是自己的不舒服,还有来自陌生客户的各种拒绝和质疑。不少失败的销售员,就是掩耳盗铃式地拓展客户,不敢面对挑战,一天打几个电话,发几个邮件,象征性发

我发现我自己：心的底层操作系统

一发传单，就告诉自己已经"撒网"，可以等着"收网"了。

在体验式的训练课程中，选拔助教的时候我也会问候选人一个问题，"在几天的课程中，你们愿意挑战的是什么？"不同的人有不同的回答，总结起来大概就是愿意挑战自己的盲点，愿意挑战自己的不自信，愿意挑战别人对自己异样的眼光等。为什么要在选拔的时候问这个问题呢？因为只有在一开始的时候，就让他们明确接下来有可能会出现的挑战，他们才能够在课程里全力以赴支持学员拿到成果，否则一遇到问题或学员的不理解，他们马上就"歇菜"了。而且，愿意接受的挑战要他们心甘情愿自己说出来，不能由我强加给他们。

接受挑战，必须发自内心才能成功，必须有"让暴风雨来得更猛烈些吧"的心态和觉悟才能克服困难。这种心态和觉悟不是一天两天就能养成的，而是需要经历过很多事，才能慢慢培养出来。初入社会的人很难从根本上找到自己真正要挑战的点是什么，更谈不上为接受挑战而做好实质准备。

所有的挑战都和恐惧有关，没有恐惧就算不上面对挑战。如果蹦极的时候不会害怕，那么蹦极对你来说就不是挑战了。对普通人来说，蹦极要克服极大恐惧，但对蹦极教练来说，这是一件很简单又日常的事。同一件事对有些人是挑战，对另外一些人可能就不是挑战。所以，我们每个人都要向内去找寻自己要挑战的到底是什么。只有找到了自己愿意的挑战目标，才能真正意义上提升自己的抗压能力。

行为的挑战其实是心的挑战。我每次看极限运动的视频都会手心微微出汗，而运动员却自然淡定。我没有做他们的动作，但有恐惧的心态，如果心没有恐惧，那么行动也不会有恐惧。挑战是心的挑战，从心里敢于直面"暴风雨"才是真正的挑战，也才会成功。

那么挑战的具体对象是什么呢？蹦极挑战的是勇气，不是挑战那个高度，只要你有足够的勇气就可以成功。挑战基本的要求是要有勇气，没有勇气就不会有开始，没有开始就不会有结果。当然，还需要诚信、双赢、责任心等特质。所以，挑战的对象就是能够让你做成事的特质。

非洲草原上有一种吸血蝙蝠，常叮在野马腿上吸血，它们从容吸饱后离开，不少野马被活活折磨死。动物学家发现，吸血蝙蝠吸的血量非常少，远不足以使野马死去，野马真正的死因是暴怒和狂奔，剧烈的情绪反应是造成死亡的直接原因。我们面对挑战的时候，就像腿上叮着吸血蝙蝠的野马，会产生恐惧和排斥心态，脸色苍白。暴怒、狂奔、恐惧、排斥这样的状态让我们无法面对挑战，我们必须兴奋起来。我有一个朋友，在一家网咖公司担任副总裁，他是一个面对挑战会很兴奋的人，而这就是他能从一名网管升到副总裁的原因。如果面对挑战时恐惧心态占了上风，那么下意识就会去找

我发现我自己：心的底层操作系统

各种看似合情合理的理由来说服自己放弃，给自己台阶下。

如何才能做到让自己兴奋起来呢？挑战就意味着冒险，我们面对挑战的时候一定要转念，不要把挑战看成断头台，而要把它看成是一次冒险或探险，把自己当成探险者，而不是即将被押赴刑场的犯人，否则你就根本无法克服恐惧和排斥感。想着就要和一群朋友去探险，那里有各种各样的恐龙，五颜六色的花，各种未知的奇遇，难道不足以让你兴奋吗？特别是创业或做一个新的项目，一定要有兴奋的感觉，不仅你自己，还需要整个团队都有兴奋感。一定要把所有挑战看成是心的冒险，这样你在一开始就掌握了心法。只有兴奋才会有动力和力量，这种动力和通过激励得来的动力不同，兴奋的动力来自内，激励的动力来自外，来自内的动力强大且持续，来自外的动力会因为外力的消失而消失。

第三章 决定我的是什么

四 你愿意付出的是什么

我们必须要好好想一想自己到底愿意付出些什么。在我的体验式训练课程里，开课前一天，我们会问助教候选人，"在这几天的课程里，你愿意付出的是什么？"只有知道自己愿意在接下来的课程里付出什么，在遇到困难或不如意的时候，才会有来自源头的力量去克服。人这一生也是如此，想要创业、做大事、努力奋斗的人特别需要想明白这个问题。

什么是付出呢？

我们经常会听到有人说"我付出了那么多，他就是不领情，一点都不懂得回报"，这就是我们常常用付出来代替投资。

付出和投资的区别是什么呢？

第一个区别在于回报。付出不求回报，是心甘情愿的给予，比如父母对孩子的付出，不会拿本子记下来，等孩子长大了找他们报销，父母只是为了孩子好便去给予，没有想过一定要什么样的结果。投资则是为了回报，回报越多越好，没有回报或回报不如意就

我发现我自己：心的底层操作系统

不愿意投资。付出和投资没有对错或好坏，只是我们一定要明白，在为人处世时，自己到底是什么样的心态，否则我们将受害于付出。

第二个区别在于风险。付出不求回报，只要做就可以，所以就没有风险，无论是否有回报，都没有付出失败这么一说。而投资要求有回报，考虑最多的就是风险，想着应该如何去规避风险。

第三个区别在于快乐。投资的快乐和回报成正比，回报越大越开心，没有回报就不开心，开心了一段时间兴奋劲就会过去。付出在过程中就会产生快乐，在你开始行动的时候快乐就来了，这种快乐非常纯粹且长久，是支撑完善人格和拉近人与人之间距离重要的组成部分。

有段时间我经常会去看望一些低保户，其中有一位是裁缝，他做了30多年衣服，手艺很好，我在他那里陆续做了五六套衣服。他说，之前想过给他的店所在小区里70岁以上的老年人每人免费做一套衣服，但又因为身边的人告诉他，到时可能其他地方的人也会来找他免费做，所以他一直没有行动。我问他："你做这件事的目的是什么？"他说："也没什么目的，就是看那些老年人挺可怜的，就想为他们做点事。"我说："那和是不是小区里的人有什么关系呢？只要你做好事就行了，别管是哪里人。"他说："那倒也是。"

当你在考虑是否值得或有没有必要的时候，付出就已经变成了投资。当然投资也是一件好事，有了投资各种项目才得以做成，但我们要区分清楚投资和付出，不要把投资当成付出。

为什么很多人明知投资和付出的区别，还要以付出作表达呢？

因为好听。和人沟通的时候，特别忌讳讲话太直接。比如有人说他为张三付出了所有，想要换取的正是张三在有好处的时候想到自己，最后因为没有得到张三的回报而产生了抱怨。这本是一场交易，和付出没有关系，但如果他说这不是付出而是投资，那么他不但得不到大家的同情，反而会让大家觉得他太现实。

我们要明白，做一件事，是投资心态还是付出心态，投资就要考虑风险或失败，付出就不用考虑太多。

项目可以投资，公司也可以投资，但我们一生中真正想做的事，不能用投资完成。投资心态会随着回报的不同而变化，更何况人生一事不为则太长，愿为一事则太短，真正想做成一件事，苦心经营也不一定能够成功。没有一个人会在一件事上失败了多次还愿意再投资，每个人都懂得及时止损，只要一止损，努力的方向就变了，这方向一变，就代表着事业变了，团队换了，又是从头开始。

投资心态在乎的是一段时间的利益，哪怕长线投资十年八年，对于真正想做成一件事都太短。只有保持付出心态，才能只往更好的方向努力，不在乎眼前的回报——但行好事，莫问前程，面对任何失败和不顺都不会兴起止损的念头，反而可以获得意想不到的成果。项目可以投资，但一定不要用投资的眼光去看待人生，投资是

我发现我自己：心的底层操作系统

理性的，如果人生当中太计较得失，难成大事。

那么，你愿意付出的是什么呢？

时间？金钱？青春？在找到答案之前，你得明白这个问题的意思，也就是哪怕在没有任何回报的情况下，你也愿意为之持续给予而不后悔的东西是什么？就像禅宗二祖为了求法而断臂，若他左右权衡，也不会断臂成佛。断臂是他求法决心的体现，对他来讲，不管能不能成佛，他都愿意那么做。

我们想去做一件事的时候，特别是创业时，要在心里问一问自己：为了做成事，我愿意付出的到底是什么？想明白了这个问题，在过程中也就不会那么痛苦，因为一切失去都在意料之内，没什么大不了的。所以，如果想要做成事，必须要有断臂的决心，这个决心是非理性的，过多权衡利弊，你的决心就已经开始瓦解。

我在创办"杭州创造"的时候，曾在心里问过自己愿意付出的是什么？思来想去好一阵子，最后想明白了，我愿意付出男人30多岁这个黄金时段来做成一个培训教育平台，帮助更多的人创造价值，所以在其间我接触了很多企业家和投资人，可以很好抵御他们向我抛出的"橄榄枝"。在遇到困难的时候，我明白这就是我要面对的；在迷茫的时候，我也知道那就是我要克服的。

五　为自己负100%的责任

在体验式教学中，我会问学员一个问题："一个家庭里男女要承担的责任分别是多少？"学员的回答基本都是五五开，也就是男女各50%。家庭中两个人的责任关系不是加而是乘，不是男人50%的责任加上女人50%的责任等于100%的责任，而是男人50%的责任乘以女人50%等于25%。所以，若一个家庭里男女各负一半责任，最后就成了没人有责任。

我大儿子还没出生的时候，我写过一篇文章，因为不知道是儿子还是女儿，所以在文章里我分别写下了对男孩和女孩不同的要求。对男孩的要求里我重点写到了责任：假如你是一个男孩，那就取名韩子腾。爸爸希望你能够腾飞起来，因为你的爷爷是一个平凡而伟大的男人，而爸爸到现在为止，最多只能说是平凡，如海边的沙子、山上的石头，和伟大还没有任何关系，所以爸爸希望你未来成为一个伟大而平凡的男人。当然爸爸对你的要求会很高，甚至会苛刻，因为爸爸相信，儿子要穷养，女儿要富养。但你千万不要因

我发现我自己：心的底层操作系统

此而怀疑爸爸对你的爱。除此之外，爸爸更希望你未来成为一个有担当和有责任的男人，因为将来你也会成为爸爸、爷爷，而作为男人来说担当和责任是最重要的。不管在未来的工作中还是家庭中，你就是顶梁柱，如果你没有担当和责任，对家庭成员来说就像天塌下来一样。

孟子曰："人病舍其田而芸人之田。所求于人者重，而所以自任也轻。"意思就是说，常人的毛病在于荒弃自己的田地，却要求人家锄好田地。所要求别人的很重，但是加给自己的责任却很轻。站在道德的最高点，对别人指手画脚很简单，但要向自己"开炮"就难了。要求别人负责任的很多，要求自己负责任的却很少。

一般人理解的负责任就是背黑锅、倒霉、赔偿等关键词，所以哪怕是为自己负责任的人都很少，更别提为别人负责了。既然负责就是背黑锅、倒霉、赔偿，那么就当一个"受害者"吧！受害者可以获得别人的同情、理解、安慰且不用负责任，不用背黑锅、倒霉、赔偿。其实，每个人都要为自己的不负责任而负上责任，可悲的是我们看不到自己为自己的不负责任付出的代价。

我上初中的时候，学校比较老旧，一天晚自习结束回宿舍睡觉，所有同学都从教室涌出来，塞满了走廊，我挤在人群中从二楼下一楼，就在快到一楼前的几级台阶上，我前面一个同班同宿舍的同学跳起来一下把灯给关了，人群中女孩子们集体发出尖叫声。政

第三章 决定我的是什么

教处主任正好在边上，他平时比较凶，大家都很怕他，他快步过来打开了灯。我还暗自幸灾乐祸，心想有人要倒霉了。打开灯的刹那，我发现站在灯的开关下面的人正是我。政教处主任的"狼眼"盯到了我身上，气氛一下子凝重了，我开始意识到问题的严重性，他问是不是我关的灯，我感觉全身发麻。

因为不是我关的，所以我心里还带着些许侥幸，心想他可能随便问一问就了事。当政教处主任问了我很多遍都得到否定答案后，就开始问我知不知道是谁关的？那个年纪小男孩的心理尊严不允许自己出卖朋友，所以自始至终我都不肯"招供"。政教处主任也没办法，只能把我留下来单独再问。我到现在也忘记不了，那个真正关灯的同学混在人群中走掉的样子，他先是看着我，然后后退了几步，回头消失在夜色中。本来也不是什么大事，我既不承认也不招供，最后政教处主任也拿我没办法，就让我回去了。

我哭哭啼啼回到宿舍，大家都指责那个关灯的同学，都过来安慰我、表扬我，那个关灯的同学也过来向我道歉。现在想想，整个过程中我为了自己的面子、形象、哥们义气负责，结果扮演了受害者的角色。

也许类似的事，发生在很多人身上，可能更严重，对当事人的性格或价值观都产生了影响。这整件事中，我和那个关灯的同学都付出了代价，我付出的代价是被冤枉，感觉委屈、难受、后悔、失

我发现我自己：心的底层操作系统

望；那个关灯的同学虽然逃避了被处罚的可能，但也付出了失去自我价值的代价，他的感觉，我想是自责、难过、后悔、内疚。

如果我要为自己负100%的责任，有两个选择。一个是当场就告诉政教处主任是谁关的灯；另一个是回宿舍让那个关灯的同学自己去找政教处主任把这件事说清楚，并承认错误。无论是哪个选择都会有可能被同学骂不讲义气，从此和那个同学产生隔阂，这都是付出代价。但不同的是当我负上100%责任的时候，我会有底气、自信和正义感，而不是一个哭哭啼啼求安慰和同情的受害者。

很多关键词，无论是责任、激情、承诺，要求别人都简单，重要的是要求自己。我们的环境中都是自己的投影，负责任的领导身边不可能都是逃避责任的员工；充满激情的创业者不可能身边都是冷漠的人。反过来说，逃避责任的领导不可能要求下属负责，也不可能打造出负责任的团队；冷漠的创业者也不可能感召激情四射的合伙人。

负责任，就意味着要付出一些代价，比如金钱、被误解、被排挤，所以人们才会选择逃避，可我们得明白，逃避只是一时安全，却要付出很大代价。

第三章 决定我的是什么

六　没有人是你的避风港

　　人的负面情绪基本都和安全感有关，无论是恐惧、焦虑还是固执，安全感是自我保护的最终追求。童年时期是否能够从父母处得到足够的安全感，将决定孩子的一生。安全感和归属感就像一对兄弟，人是群居的动物，从个体来讲需要安全感，以获得力量；从群体来讲需要归属感，以得到群体的认可，从而得到温暖。所以，个体需要身心安全并融入群体。

　　一个孩子得到父母足够的关心和照顾，那么他长大以后人格发展会相对健全。父母长期不在身边或漠不关心，很多这样的孩子就会偷父母的钱给同学买东西，讨好同学，从而得到同学的认同。在父母那里得不到的关心和认同，会转移到从同学那里寻求，渐渐就会形成讨好型人格，长大后同样为了获得安全感，就会"熟练"地讨好别人，最终成为一个依附于别人的人。所以，父母在孩子小的时候，特别是5岁以前，要给孩子足够的爱，特别是无条件的爱。什么是无条件的爱？现在有很多父母的爱是带有条件的，比如"考100

我发现我自己：心的底层操作系统

分就有奖励""不听话就不要你了"。这样会让孩子产生恐惧感，孩子为了得到关心和爱，不得不听从于父母，这其实将导致孩子未来的叛逆。

随着社会的发展，现在企业员工跳槽率越来越高，只追求较高收入，不关心是否稳定和拥有良好的人际关系。很多员工一离职，就不再和旧同事联系，在职时的各种友爱和团结离职后都烟消云散。但实际上一个成年人不仅需要有较高且稳定的收入，还需要有良好的外部关系。一个国家需要内部发展稳定，再寻求外部合作，这就是内有安全感外有归属感。再大一点，各个国家又都在向太空探索，寻找其他生命，了解宇宙的更多信息，这也是追求安全感和归属感。

我们常犯的一个错误就是认为安全感来源于外在，比如认为钱包里有钱，油箱里有油，甚至手机电量高于80%都会让人有安全感。一个朋友说他现在的领导给不了他安全感，而他上一份直销工作的领导能给他安全感，所以他产生了离开现在的创业团队的想法。我告诉他，真正的安全感不是别人给的，我们觉得银行有存款，油箱加满油就有安全感，但这种安全感会随着存款的减少和油的消耗而消失，为了保障这种安全感的持续，我们得不停赚钱，最终会陷入钱再多都没有安全感的状态。

我们太过物质化而忽略了心的力量，都太向外求，而不知道

第三章　决定我的是什么

如何向内求，其实我们每个人的内心都是无限的宝库。外在获得的安全感是有人在背后给我们提供了保障，这种保障可能来自你的父母、亲戚、朋友、领导，靠外在保障获得的安全感都是短暂的，比如父母会老去，领导会离开。

所以，家庭教育的根本是让孩子能够独立。学习成绩也好，技能特长也好，都会成为孩子的武器或盔甲。很多父母认为孩子穿了盔甲、拿了武器就会有安全感，所以不断给孩子升级这些装备，可在我看来这无疑是捡了芝麻丢了西瓜。困难来了靠"拼爹"解决问题获得的安全感，问题来了靠找妈妈思考问题获得的安全感，都是暂时的，让孩子能够一辈子有安全感的正确方法是使他获得独立面对困难、独立思考问题的能力，孩子真正的安全感正来自于此。

创业看起来是依靠资源和团队，其实真正靠的还是创始人自己，他自己不但要找到安全感，还要给员工安全感和归属感。

那么自己内心的安全感如何获得呢？

答案是：冒险。

这也正好解释了为什么大部分人都想从外在而不会向内在寻求安全感，因为向外找不需要冒险，而向内寻需要冒险。冒险就意味着会有痛苦，人都会逃避痛苦、追求幸福。创业者或企业高管都在化解痛苦，换取安全感给自己，也给身边人。他们是孤独的，孤独并不是说他们不想合群，而是知道没有人能成为他们的避风港。

我发现我自己：心的底层操作系统

　　遇到困难或挑战的时候退缩，就是逃避痛苦、追求幸福的体现，确实，逃避了就不用面对"暴风雨"。但困难还在、问题还在，困难不被克服，它永远都压着你。人的本性会让我们只看到躲开了暴风雨，而看不到困难永远压着自己。

　　没有人是我们的避风港，正所谓没有什么岁月静好，只是有人在为我们负重前行。我们必须得明白，靠山山会倒，靠人人会跑，只有自己最可靠。没有人能陪你走一辈子，所以你要适应孤独；没有人会帮你一辈子，所以你要奋斗一生。与其用泪水悔恨今天，不如用汗水拼搏今天。当眼泪流尽的时候，留下的应该是坚强。

第三章 决定我的是什么

七　决定你的不是时间而是经历

记得刚大学毕业那会儿，我在一家培训公司做销售，我的主管年纪也只比我大一两岁，他表现很好，很受公司领导和同事的认可。在销售领域，不管是什么行业、卖什么产品，有一个不成文的规则，那便是业绩好的销售员说的"屁话"都是真理，业绩差的销售员说的真理都是"屁话"。我的主管作为公司的功臣，自然讲什么都会是我们这些后辈的"圣经"。

到现在我还记得，那时我羡慕：再过一两年，我肯定也会和主管一样厉害。所以，那时我一直在等时间过去，等再大一两岁，等那个厉害的我到来。可等了三四年，那个厉害的人好像也没有与我合体。

有统计说，《纽约时报》一周的信息量即相当于17世纪学者毕生能接触到的信息量的总和。随着社会发展的脚步越来越快，我们的创造也越来越多，最近50年创造的财富，远远超过人类之前5000年创造财富的总和。以前社会发展慢，一个人累积几十年的经验是

我发现我自己：心的底层操作系统

非常有价值的，而现在社会发展快，你辛苦累积下来的经验可能几年的时间就已经被淘汰了。

2019年夏天，我们开了一个初中毕业18年的同学会，还特意邀请了当时的班主任和几位任课老师参加。聚会上，老师发表了感言，大家还分成两队，在操场上进行了一场欢乐的拔河比赛，然后就准备去吃饭唱歌。饭店距离学校有点远，一个同学搭了我的车。

我问他现在做什么？他说一个人住，既没有结婚，也没有工作，甚至连女朋友也没有。

我又问他每天做点什么？他说就一个人玩玩游戏，看看小说。

我虽然没有表现出什么表情，但心里十分惊讶，一个30多岁的男人，没有工作，没有结婚，没有女朋友，留着长长的头发，穿着拖鞋，还停留在迷茫的状态。我并不是说他不好，只是想表达，如果你不拿时间来经历一些事，那么就等于不曾拥有那段时间，这18年对他来说似乎并未经过。经历事需要时间，我们潜意识会认为年纪大的人就一定有能力或有经验，所以很多人会以工作年限来判断一个人的能力。不能说这么做是错误的，只能说不够精准。

有一次，我们的一个客户公司要招聘一名运营总监，便邀约了两位候选人来参加我们与客户公司的会议。会议的最后我请那两位候选人讲一讲如果公司有幸邀请他们加入的话，他们会怎么做？这两位候选人在各自的行业里都已经工作了10年左右，但他们都让我比较失望，倒不是他们不善于演讲，而是他们讲的内容都达不到总监的高度。其中一人讲了很久，大致内容都是如何做好一个店长，中途我打断了他，表示认同他分享的关于店长的内容，然后问他作为总监会怎么做？他先是露出尴尬的表情，然后说："那不都差不多吗？"我心里当时就把他淘汰了。

现代人的成功，越来越和年纪无关了，据券商中国统计，A股现有44家上市公司的董事长年龄不超过35岁，有12家公司的董事长年龄不超过30岁，其中还有2名90后。此外，A股还有75家上市公司的总经理不超过35岁，有16名公司总经理不超过30岁。

没有空穴来风的事，人也不会无缘无故成熟和获得某些技能，不劳而获的只有时间。我在和一些家长沟通的时候，发现有很多家长不重视孩子吃饭、穿衣等自理能力的培养，他们普遍认为这些事等孩子长大了自然就会了，所以更重视孩子的学习成绩。这种想法多么荒谬！不让孩子自己经历，而认为时间到了自然就会了，这样的想法不知影响了多少孩子的成长。

俗语说"穷人家的孩子早当家"，为什么会早当家？无非就是经历，穷人家十来岁会洗衣做饭的孩子比比皆是，而不会洗衣做饭的年轻人也是一抓一大把。时间就像一辆火车，货物只能装在车厢里，我们所经历的事就像货物，填充在时间的车厢里。每天24小时，每年365天，每个人都是一样的，但这些时间的车厢里，有人装得满满的，有人的却空空如也。没有货物的火车，空跑是没有意义的，没有经历的时间，再多也是没有意义的。

　　郭德纲的相声说，活得明白不需要时间，需要经历，3岁经历一件事就明白了，活到95岁还没经历这个事他也明白不了。吃亏要趁早，一帆风顺不是好事。从小大伙娇生惯养，没人跟他说过什么话，65岁走街上谁瞪他一眼当时就猝死；从出生就挨打，一天八个嘴巴，到25岁，铁罗汉活金刚一样什么都不在乎。

　　这是段子，也是道理。

　　时间不会主动赋予你某些东西，而是在时间里，你经历了才能得到，经历是我们人这一辈子最重要的东西。人怕死，很大的一部分原因是因为没有经历，一无所知，哪能不感觉到害怕呢？所以不要再有自己到了多少岁就可以怎么样的想法，那是守株待兔，也不是一定要到什么样的年纪就做什么样的事，特别是成长的事。同龄人能够玩到一起并不是因为同龄而是因为共同的经历，是因为大部分人在同样的年纪经历了差不多的事。

八　在经历中修行

修行也好，成长也罢，必须在经历中才能脚踏实地，离开了经历一切都是自我陶醉\自我感动。我身边有两种人，一种人只有经历没有修行，一种人只有修行没有经历，这两种人的人生都是不够完整的。我们在思想上要先有一个认识，那就是修行并不是剃光头，穿袈裟，去深山老林苦修，而是体现在我们生活的方方面面。

吃饭是修行，睡觉也是修行。吃饭、睡觉每个人每天都在做，怎么能称得上是修行呢？

现在有多少人吃饭的时候真能尝到味道？又有多少人能安然入睡，睡到自然醒？吃一颗葡萄咀嚼三到四下就吞下肚了，只能够尝到甜或酸，但若认真感知，仿佛我们可以和葡萄融为一体，我们的每一个味蕾都能尝到葡萄的味道，这种感觉像是在探索一个山洞，欣赏一朵花开。凌晨两三点打开朋友圈，总有不少"夜猫子"在感慨睡个好觉已经成为奢求，失眠正笼罩职场精英、企业老板，甚至那些所谓修行的人。看一个人是否真正幸福，除了看他白天是否有

我发现我自己：心的底层操作系统

说有笑，更要看他晚上是否能睡个好觉，谁都可以假装白天有说有笑，但不是每个人都能让自己晚上睡个好觉。

修行的目的是为了能够看到事物的真相。看到事物的真相的前提就是要有事物可看，脱离了事物的修行就是在造空中楼阁。那些脱离经历的修行，美其名曰是为了追求更高的思想境界，其实是为了逃避世俗的责任。

我认识一个自认在修行的人，他做过一点小生意，经历过几段婚姻，最后"大彻大悟"，在一家企业里工作，不敢对结果负责，也不会承诺什么，只挑一些简单的无关紧要的事做。你说他没做事，他做了；你说他做了事，也不知道他做了些什么。他每天在公司的群里发各种度人的佛法，用佛法武装自己，说起修行侃侃而谈、滔滔不绝，一幅弘法度人的样子，说起工作绩效、成果检视，他要么百般推脱，要么无动于衷。刚开始的时候，大家还会为他的各种言论折服，渐渐就发现他的行为根本和他说的相差甚远，大家也就不再当回事，最后他被大家当成了修行的一个反面教材。这种只动口不动手的修行人，比那种好吃懒做的人更可怕，他们做了修行的错误示范，扼杀了很多人原本可以走上修行之路的机会。

王阳明说要知行合一，越是艰难时，越是修心时。1496年，王阳明在会试中再度名落孙山。有人在发榜时发现自己落榜号啕大哭，王阳明却无动于衷。大家以为他是伤心过度，于是都来安慰他。王阳明说:"你们都以落第为耻,我却以落第动心为耻。"

人生中会遇到很多艰难困苦,越是在这种时候越体现人的心性修养,寻常人往往慌乱悲戚,唯有修养深厚者能做到泰然处之,正如文天祥说的"时穷节乃现"。如何才能拥有这种自觉和修养呢?王阳明还有一句话,"人须在事上磨,方能立得住,方能静亦定,动亦定。"道出了所有艰难困苦,正是对心性的最好磨砺。

王阳明的话说明了不在事上磨炼的人,根本就立不住。有些人顺境的时候打坐参禅,逆境的时候又和普通人没什么区别,对于这种人来说修行只是一种装高调的工具。

王阳明在一座寺庙中看到一个枯坐的和尚,据说他已不视不言静坐了三年。王阳明笑了笑,就绕着和尚走了几圈,像是道士捉鬼前的作法。最后他在和尚面前站定,看准了和尚,冷不防地大喝一声:"这和尚终日口巴巴说什么!终日眼睁睁看什么!"不知是王阳明的禅机触动了和尚,还是王阳明的大嗓门惊动了和尚。总之,和尚惊慌地睁开眼,"啊呀"一声。

王阳明盯紧他,问:"家里还有何人?"和尚答:"还有老母。"王阳明再问:"想念她吗?"和尚不语。一片寂静,静得能听到和尚头上汗水流淌的声音。最后,和尚打破了这一死寂,用一种愧疚的语气回答:"怎能不想念啊!"王阳明露出满意的神色,向和尚轻轻地摆手说:"去吧,回家去照顾你的母亲吧。"第二

我发现我自己：心的底层操作系统

天，和尚离开寺庙，重回人间。

这个和尚表面上不说、不看，心里却终日在说、在看，只在表面下功夫，浪费了三年时间。一切脱离了在事上磨的修行都是盲修瞎练，所以我们一定要在生活上修，在家庭里练，在工作上下功夫，才是真正的修行，离开了这些都是徒然。

达摩祖师说过：罪从心生还从心灭。如果只在表面下功夫，徒然是浪费时间。所有的修行，一定要在经历中磨炼自己的心，修行就是修心，这个心可以在任何事中修。但事实上，你并不一定在做任何事的时候都用心。

2019年差不多年底的时候，我住了三天院，说出来可能很多人都不相信，我住院的原因是拔牙。因为门牙松动得厉害，如果拔了就需要种牙，而如果要种牙就需要拔掉门牙下面的多生牙，也就是牙齿下面没有露头的牙。CT显示那颗多生牙在鼻子下面一点，和神经靠得很近，因为位置很深所以需要全麻才能手术，一般医院还不敢拔，我特意去浙江大学医学院附属口腔医院挂号拔牙，还是提前一个月预约的号。住院的前两天是各种的抽血检查，那时工作也忙，在医院的病床上我还在笔记本电脑上做PPT，时间过得特别快。

同一个病房还有两位也是因为拔牙住院的年轻人。我第一天住进去的时候其中一位被推进了手术室，第二天另一位也被推进了手术室，第三天轮到我。前两天我还不以为然，和他们交流手术过

第三章 决定我的是什么

程和感觉,有说有笑。到了第二天晚上,关了灯躺在床上想着明天就轮到我进手术室了,不知怎么不受控制就特别紧张害怕,有点像第二天要上刑场。我不断地告诉自己,这是浙江省唯一一家三甲口腔专科医院,在浙江已经可以说是最好的了,技术各方面肯定是过硬,而我这只不过是一个小小的拔牙手术,没什么大不了的。不论我怎么和自己对话,这颗紧张、恐惧和排斥的心就是无法平定。我从未如此感觉过"我"的存在,他正在极力挣扎,用极度的恐惧示意我前面有风险,这种恐惧程度比之前的蹦极更强烈。

一时也难以入睡,我就拿出了手机,查了查拔牙手术的一些信息,了解了如何麻醉,医生如何操作等一系列流程后,恐惧感依然无法消除。突然我意识到,平时自认为是修行的人,可在这个时候怎么比一般人还害怕?当我意识到的时候,我就转了一个念,把这次的拔牙手术当成一次修行,一次修心的机会。我告诉自己,此时正当修行时,我要活在当下,去除我执。心念一转,心马上就定了下来,没过多久就睡着了。

第二天一早,护士来开窗叫醒我们。我是当天第一台手术,穿上了做手术的衣服、拖鞋,签了好几份风险告知书,虽然前一天晚上有了转念,但我依然能清晰地感觉到心在怦怦跳。我跟着护士来到了手术室,护士和我确认身份的同时还让我签了一份风险告知书,现在已不记得当时签的是什么内容。走进手术室后,我发现里

我发现我自己：心的底层操作系统

面的一切和电影里一模一样，两三个医生戴着口罩，正在做术前准备，让我感觉像霍霍磨刀，等着我这只猪来。

其中一个医生要我躺下，我就躺在了那张和我肩一样宽的小床上，一个女医生说你没打留置针啊，说完就拿起我的左手开始打留置针，我下意识抬起头想看她打，她便说你不用看，躺着就可以了。可能是我的表情比较庄重吧，那个医生又说："小伙子，你有点紧张啊！"我心想这是我人生第一次手术，能不紧张吗？医生之间有说有笑，身材魁梧的男医生拿着一个呼吸罩对我说："来，吸点氧气。"因为我前一天晚上已经查过流程，心里非常清楚戴上以后意味着什么，我带上呼吸罩，眼睛看着天花板，心里默默地数着一、二、三、四……便失去了知觉。

突然听到有一个人在叫我，声音很大，我感觉就像从很远的地方突然回来一样。我醒来后，医生问我："感觉怎么样？"我回答说："感觉非常好。"那个女医生笑着说："你的满意是我们的追求。"这并不是为了配合医生才这么说的，而是在我麻醉期间做了一个非常美好的梦，梦里没有任何场景，但感觉异常愉悦平静，我知道这和我在前一天晚上的转念有很大关系，拔牙的这一次修心我是有收获的。事后我和朋友聊起这件事，我告诉他们，我非常感谢老天，只以拔牙为代价，就让我体验到了向死而生的转变。

修行不在庙里也不在跪拜里，而在我们经历的磨难里，我们一定要在困难的时候磨炼我们的心，遇到挫折时告诉自己：太棒了！这件事情竟然发生在我的身上，又给了我一次成长的机会，凡事的发生必有其因果，必有助于我！在企业里把提升业绩当成修行，把让员工精神和物质双丰收当成修行，把服务好客户当成修行；在家里把教育好孩子当成修行，把夫妻和睦当成修行，把孝顺父母当修行，唯有把修行体现在这些事上，才是真修行。

我发现我自己：心的底层操作系统

九 心的力量

我们总是太注重外在的力量，比如资源的力量、师资的力量、格斗的力量，只有很少一部分人可以发现内心当中有一股比原子弹更强大的力量。向外求，就是求拳头的力量，当我们伸出拳头的时候，别人自然也会伸出拳头，相互"秀肌肉"。在企业经营当中，两个人竞争同一个岗位，都会向大家证明自己的能力和决心，示意自己的拳头比对方更硬，所以可以胜任这个岗位。这些都是向外求、向外证明，随之而来的就是竞争、输赢，最后输的一方容易产生自卑心态，赢的一方容易产生傲慢心理。

越向外求越不满足，求得越多越贪婪。经营企业时很多人盲目扩大公司规模，铤而走险地向银行贷款甚至是借高利贷，最后的结果十之八九是资不抵债，一败涂地。我亲耳听到一个老板说，他有一个员工，买彩票中了50万，接着就辞职离婚，不到一年时间钱花完了，又乖乖回去上班，生活比原来更糟糕。这些都是极度向外求、向外索取的后果。竞争是社会发展的一种手段，是管理者的一种工

第三章 决定我的是什么

具,我们需要竞争,但如果只有竞争,那么人就会变得穷凶极恶。

说到向内求,说到心,就会和爱联系到一起,《羊皮卷》第二卷中有这样的话:

我要用全身心的爱来迎接今天。因为,这是一切成功的最大秘密。强力能够劈开一块盾牌,甚至毁灭生命,但是只有爱才具有无与伦比的力量,使人们敞开心扉。在掌握了爱的艺术之前,我只算商场上的无名小卒。我要让爱成为我最大的武器,没有人能抵挡它的威力。

我的理论,他们也许反对;我的言谈,他们也许怀疑;我的穿着,他们也许不赞成;我的长相,他们也许不喜欢;甚至我廉价出售的商品都可能使他们将信将疑,然而我的爱心一定能温暖他们,就像太阳的光芒能溶化冰冷的冻土。

我要用全身心的爱来迎接今天。

我该怎样做呢?从今往后,我对一切都要充满爱心,这样才能获得新生。我爱太阳,它温暖我的身体;我爱雨水,它洗净我的灵魂;我爱光明,它为我指引道路;我也爱黑夜,它让我看到星辰;我迎接快乐,它使我心胸开阔;我忍受悲伤,它升华我的灵魂;我接受报酬,因为我为此付出汗水;我不怕困难,因为它们给我挑战。

我要用全身心的爱来迎接今天。

这是一段很好的表达向内求的文字,爱是我们心生的,不是拿

我发现我自己：心的底层操作系统

来借来抢来的，它的强力可以劈开盾牌，使人们敞开心扉。理论、言谈、穿着、长相和廉价商品都是外在的，如果只是在这些上下功夫，就会陷入只追求谁的理论更高明、言谈更好听、穿着更漂亮、长相更帅气、商品谁更便宜的境地。而爱却可以赞美敌人、爱雄心勃勃的人、爱自己，鼓励朋友，有了爱，即使才疏志短，也能以爱心获得成功。相反，如果没有爱，即使博学多识，也终将失败。由此可以看出，当我们向内求的时候，外在的一切都已经不再重要。

我们的心就像一座宝库，一旦我们去开挖就会有源源不断的"宝藏"，取之不尽用之不竭，可它也不是随随便便就能够挖到的，同样也需要我们付出努力。向外求好比是买菜，买到便宜的想更便宜，买到菜品好的想再好，不断货比三家，和店家讨价还价；向内求好比是自家菜园，想要种出好的菜就需要自己辛勤耕耘，没有人可以比价，完全靠自给自足，看着菜一天一天长大成熟，就能产生快乐和成就感。买的菜再好，也不及自己种的菜好，因为自己种的菜，倾注了种菜人的爱。

很多饭店打出广告——妈妈的味道，确实，我们去再好的饭店吃饭，味道总不及小时候妈妈给我们做的饭菜。为什么呢？相同的家常菜，相同的油盐酱醋，难道是我们妈妈的厨艺比大酒店要好？当然不是，是因为"爱"，我们的妈妈在给我们做饭时额外加了一道配料——爱。特别是，我们长大在外工作以后，当妈妈得知自己的孩子要回家时，就开始准备那桌热气腾腾的饭菜了，甚至提前一个星期就开始。从小吃妈妈做的饭菜长大的孩子会更具有幸福感，心灵不会有匮乏感，对生活会更乐观热情，这都是妈妈爱心的功劳。

有一次，我一个上海的朋友在朋友圈发了她养的花草，我随即回复：“修身养性了？”她回复我：“植物有感应，和它的心灵对话它会茁壮成长。”我相信很多人都有这样的体验，对一件事特别上心的时候，比如养一盆植物，它就能长得特别绿特别好，哪怕是一辆自行车，你经常爱护它，都会觉得它比其他自行车更有气质。还有一次，一个好久没联系的朋友，有段时间我偶尔会想起他，突然有一天我特别想和他联系一下，果然没多久我就收到了他的信息。我相信每个人都会有类似的体验，这些都是我们心念的力量，它一直推动着我们所想的事情去到我们希望的方向上。

心念是一些念头，这些念头是有力量的，那便是心力。这对于创业者、企业家、高管都很有帮助，做企业能够成功的人，都是心力很强的人。马云会告诉你，成功的秘诀是坚持。他曾说：永远不要跟别人比幸运，我从来没想过我比别人幸运，我也许比他们更有毅力，在最困难的时候，他们熬不住了，我可以多熬一秒钟、两秒钟。说起来简单，为什么绝大部分人做不到？因为心力不够。就相当于告诉你，举起一万斤的石头就可以成功了，但是我们有多少人有这个力量可以举得起呢？

我发现我自己：心的底层操作系统

人和人之间智商不会差多少，心力就相差远了。俞敏洪说：请大家相信我，不要放弃自己，别人做了5年的事情，我做10年，别人做10年的我做20年，别人做20年的我做40年，实在不行，这辈子我要保持健康心态，保持心情愉悦，一个一个地把他们送走。这就是心力强的体现，有多少人能够有足够的底气去面对困难，不成功不罢休。心力才是人与人之间、企业家与企业家之间有高低之分的根本原因。我们普遍认为要成功就需要有足够的资金、强大的团队和运气，可成功的企业家都会以不同的方式告诉你同一个道理，比那些更重要的是心力要足够强，这种心力的强大不是从哪里买的，也不是从哪里求的，而是向自己内在求的。

我是杭州人，所以接触阿里巴巴的机会多一些，前些天去阿里参加了一个会议，会议期间播放了其创业历程视频。视频里马云经过了一次又一次失败后创立了阿里巴巴，创立之初马云就说要让天下没有难做的生意，并希望公司要在2005年上市。你可以说这是自信，也可以说这是吹牛，但不得不承认的是马云的心力很强，多次面对危机都能顺利过关。

心力不是今天看了这篇文章，合上书你就有了，它来自一次又一次的失败，一次又一次的重来，这和健身是一样的，肌肉在撕裂中会再次生长，而且是一次比一次大，慢慢肌肉就变大变有型了。心力除了在经历中可以增长，还可以在发大愿中建立。

140

十 为自己发个大愿

如果你想成就大事业，或者有圆满的人生，就需要有一个大愿或者确立自己的使命。在企业经营的过程中，进行价值判断最后往往利益当先，完全将初心和大愿抛到了脑后。这仿佛就像你中午不知道吃什么，也不想吃点什么，但不吃又感觉好像没有完成任务，所以你就跟着别人一起，他们到哪个馆子你也到哪个馆子，他们吃什么你也顺便点一份，如此草草了事，也算是吃了中午饭。

为自己发个大愿，前提是自己真的想成就点什么。如果你只是想每个月到点儿领一份工资，或者办个小公司每个月有点收入，那就好好安心过日子，该怎么样就怎么样反而自在。没有准备好就不要去发愿，这不是时髦，不用跟风，不是每个人都适合发愿或有那个心力发愿。我做培训到30岁的时候，脑袋里就有一个声音，我那么执着于做体验式的训练到底是为了什么？相比那些做点小生意的人或职业经理人来说，不但收入少，还累得半死，我那么坚持的意义和目的到底是什么？我咨询过一个在国内心理学方面非常有名的

我发现我自己：心的底层操作系统

老师，问他要如何去发愿。他让我面对内心现实，想清楚问题：为何要发大愿？想要发愿的背后是不是有强烈的缺失或痛苦？我回答没有，因为我从小到大虽然不是大富大贵，但也相对富足，家人健康和平，没有强烈的缺失或痛苦。

通过和这位心理学老师的交流，加上自己一段时间的感悟，我发现有两种人比较适合发愿。

第一种就是那位心理学老师说的生命中有重大缺失或痛苦的人，他们的内心需要大愿来平复。比如马云，在成立阿里巴巴之前，他都是一个失败者，他考警校，5个人通过了4个人，只有他没有通过；他去肯德基面试，24个人通过了23个，唯独他一个人没通过；阿里巴巴开始创业时，他见了超过30个投资人，却没有一个人愿意投给他；他建立了海博翻译社，为了生存下去，背着麻袋去义乌进货，卖鲜花，卖礼物。这样的人如果不发愿支持自己，就会在失败中消除。这类人还包括那些自己并没有缺失或痛苦，而是把别人的缺失当成自己的缺失，把大众的痛苦当成自己的痛苦的人，他们也会有大愿。

第二种就是有更高的强烈追求的人，他们没有强烈的缺失和痛苦，甚至没有缺失和痛苦。微软创始人比尔·盖茨曾在1980年为公司提出一个明确的使命：让每个家庭的桌上都有一台电脑。马云有"让天下没有难做的生意"那样的愿，这个愿中带有痛，他发这个愿的目的是解决生意难做的问题。比尔·盖茨的使命里没有痛，他的使命是对更高和更美好的追求。

发愿以后是否可以承载就要看心力是否足够。在此特别要强调的是，发愿的人必须要遵从内心深处最原始的声音，"愿"字上面是"原"下面是"心"，合在一起就是"原心"，也就是初心。发愿必须建立在初心的基础上，如果是迫于外力或某种原因发愿而违背了初心，那么所发的愿就会和潜意识冲突，从而产生两种不同的声音，一个让你往南，另一个让你往北，你不知道该遵循哪个声音，最后产生分裂，导致"走火入魔"。

发愿必须满足四个基本要素。

第一，发愿是精神的追求，发愿的内容必须和物质无关。成功学总会说要培养多少个亿万富翁，这种愿有增长人贪欲的成分，并不可取。真正能让人纯粹的东西一定不是物质，精神的追求越多会越让人轻松并有力量，你在追求精神的同时，自然也会获得财富，比如比尔·盖茨。大家一定要为某个美好的愿景而发愿，而不是为了赚多少钱，买多少房，那是目标，不是发愿。

第二，发愿的内容一定要利他且崇高。只有利他才能感召更多的人一起加入去完成大愿。如果只是利己的愿，那么就只有你自己一个人会去做，比如为做官，为赚钱，都不会有人愿意跟随。崇高也很重要，因为只有崇高的愿，才会使自己的人格更崇高，被大众

我发现我自己：心的底层操作系统

认同，特别是能够同频共振同样有高能量和高目标的人。

第三，发愿要远大宏伟且具变革性。个人发的愿也好，公司的使命也罢，必须要远大，因为只看眼前就不会有动力；还要宏伟，否则起不到鼓舞人心的作用。发愿一定要有变革性，这样才会有创新和创造的机会。

第四，发愿要给人带去温暖和善意。人们只会去接近有温暖和善意的东西，我们所发的愿散发温暖、洋溢着善意，人们才会愿意接受它，只有心愿意接受，才会去行动。

发愿不是一蹴而就的，而是需要我们去修行，在生活的点滴之间，在工作的烦恼里慢慢聆听自己内心深处原始而强烈的声音，然后慢慢培养它长大，最后才示之于众，体现在行为里。

为自己发一个愿吧，让自己有更强的力量，更大的动力，去帮助更多的人。

我2019年9月在福建南禅寺参加了十日内观，在内观期间，我一直向内心寻找，我到底想做些什么？通过十天的戒定慧和进内观之前的准备，我终于找到心的方向，我为自己发下大愿——让每一个生命都能创造价值。

第三章 决定我的是什么

十一 心的匮乏和不配得感

有些人生活得开心自在，有些人生活得忧郁乏力。

我爸妈是生意人，我妈在做生意的时候，认识了一些小姐妹，其中有一个比我妈年纪要大一些，和我妈关系比较好，过年还会像亲戚一样走动。记得还是我上初中的时候，有一次过年我们全家都去她家吃饭，那个时候她老公在我眼里是一个特别想得开的人，主要是两个方面，一方面我觉得不论什么事他都不会特别挂在心上，另一方面我觉得他把什么事都看得比较淡，不会对什么特别向往，也不会对自己的某些要求不好意思说出口。

他家住在一个山林下，背靠山，四周都是树和竹子，养了很多鸡鸭，他家对客人并不是特别热情，但给人感觉比较亲切。我们一进门他便招呼我们喝茶、聊天。我爸妈和他老婆都是生意人，席间多少会谈到和钱有关系的话题，比如什么产品好卖、什么时候赚钱多之类。这么多年过去了，但他说的一句话至今我都记得非常清楚，他一边喝酒一边说："做生意，赚了不要笑，亏了不要叫。"

我发现我自己：心的底层操作系统

　　当时的场景里他讲这句话的语气让我深深感觉两个字：洒脱。既不把钱看重也不看淡，有也好，无也好，来也好去也好，都是平常心。

　　我们很难做到平常心的原因是我们心有匮乏，对某些东西的渴望程度越大，就越难做到平常心。这种匮乏感的产生有时候和我们所拥有的或得到的多少没有关系。我们会认为物质越丰富，内心也会越丰盛，其实不然，因为人有欲望，匮乏感是欲望的根源，匮乏感会产生自卑感和恐惧感，从中又产生负面情绪。

　　心的匮乏，就像干旱的大地，有着大大的裂口，需要被灌溉，所以有匮乏感的人的表现就是不断向外索取，索取关注、索取爱、索取能量。他们渴望得到领导的肯定，渴望得到同事的赞美，渴望得到客户的认同，怎么样能得到肯定、赞美和认同就怎么做。帮助别人是希望被别人评价为热心，主动活跃气氛，夸夸其谈，是希望被评价为有能力。

　　一旦自己付出的行动没有得到自己想要的回报，匮乏感会更重。更重的匮乏感会带来攻击性，对内觉得自己像个小丑一样，对外会觉得别人很自私，不知感恩。

　　匮乏感的产生大部分产生自童年，因为一些基本需求长期得不到满足，心里的那片土地就会慢慢干旱。我有一个朋友离过几次婚，他长期不在家，有一次他告诉我他的孩子"偷"过他几次钱，问她不肯说为什么要拿钱，他怀疑孩子是拿这些钱去买东西讨好她

146

的同学，希望得到同学们的认同。如果真是这样，那就是自卑感的体现，希望讨好同学，得到同学们的认同，不被同学"抛弃"。孩子一个人在家的时候，还会把家里所有的灯都打开，这是缺乏安全感的体现。

因为长期缺乏父爱，这个孩子产生了匮乏感，体现为自卑和缺乏安全感。这样的孩子长大后特别容易早恋，只要不是太差，谁对她好她就会选择谁，当然这和匮乏的程度有关，越匮乏标准就越低，极度匮乏体现为只要对她好，不论是否喜欢她都会接受。

按理来说，有匮乏感的人会想尽办法去让自己得到，可现实是，内心匮乏的人往往同时也会没有配得感，就是内心匮乏的同时，还会认为自己不配得到渴望得到的东西。对某些东西匮乏的时间长了，就会把那样东西当成一种奢望，把那样东西看得高级、稀缺、昂贵，和自己认为自己的渺小和廉价形成强烈的对比和反差，自然觉得自己不配拥有。

对一些创业者来说，如果内心有极度的匮乏和不配得感，那么创业的唯一"出路"就是失败。请注意我用的是"出路"两个字，原因是创业者长期渴望功成名就，反而觉得自己不配拥有，成功会让他感觉恐惧，那么对他来说最好的选择和出路就是失败，虽然失败会让他付出物质上的代价，但他在心理上会觉得有安全感。人的最终需求是心理需求，所以他宁可付出物质的代价，也要获得心理

我发现我自己：心的底层操作系统

上的安全感。有匮乏感和不配得感会让人持续活在"低配"生活环境里，做什么事都做不好，事情越重大越会失败。

要解决存在匮乏感和不配得感的问题就要反其道而行之，也就是要让自己的内心丰盛起来，让自己觉得配得上好东西。把我们渴望的东西，也就是我们认为重要的、美好的、稀缺的东西看淡一些、看轻一些、看普通一些。如果你觉得你配不上心中的那个"女神"，你就想，她也是个普通人，也需要一日三餐，也会老会病，你自然就会觉得原来她和自己也差不多，并没有谁配不上谁。如果她拒绝了你的爱，那么也没关系，你就把自己的爱留给接受的人。一定不要把她当成"女神"，而要把她当成普通的人，因为把她当成"女神"的时候，你的潜意识就已经告诉了自己：我不配，我得不到。只要你能这样思考问题，那么你心里的匮乏感和不配得感就会消失，平常心就来了。

除了在思想上转变以外，在行动上也要改变——多付出，以不求回报为发心的付出，会让我们喜悦于别人的喜悦。

如果想通过训练来消除匮乏感和不配得感，我有一个好方法，不过要记得这是用来训练的，就像军训中训练走正步，生活当中不能用正步来走路。这个方法就是，只买贵的不买对的，不要考虑性价比。你可以给自己买件平时不敢奢望的品牌衣服，甚至可以去LV专卖店买一个你最大限度可以承受的高价包，然后去五星级酒店

第三章 决定我的是什么

住一个晚上。做什么不重要，重要的是通过这些事来增加心的满足感，让心对那些原本以为高不可攀的事物不再执着，去看开、去放下，体会一下匮乏感和不配得感的消除。最后，再次提醒，这是一种训练方法，不要养成这样的习惯，否则就会从一个极端去到另一个极端。

我发现我自己：心的底层操作系统

十二　心不唤物，物不至

有人认为因缘是注定的，在相应的时间就会发生相应的事，其实并不全是如此，因缘是无常的，随时在变。来到我们身边的人或物，看似随机而来，我们不能左右，其实都是我们召唤来的。

比如你喜欢红色，那么相信你买衣服的时候，会优先选择红色；买车的时候在相应价位里也会优先选择红色……这样累积下来，你会发现你身边到处都是红色。

"心不唤物，物不至"的意思是：如果你的心念没有呼唤一个对象，那么它便不会到来。呼唤的"对象"一类是我们看得见摸得着的东西，也就是实物；另一类是我们看不见摸不着的东西，包括想法、信念等。

第四章会讲到理想和目标，很多人会树立一个以物质为核心的目标，比如要买什么价位的车、赚多少钱，在哪里买房，他们的一切努力都围绕着这个目标，随着时间的推移也会慢慢达成这个目标。这是大众所认知的成功，这也是大众所认知的心唤物。

第三章 决定我的是什么

以物质为呼唤对象，相对比较简单，但更重要的是对某种想法或信念的呼唤。我会经常问我7岁的儿子一个问题：你长大了想做什么呢？一开始他说他想当警察，后来因为幼儿园里老师问这个问题的时候，想当警察的答案被其他小朋友说了，所以他改成想当消防员，再后来他说想当老板。我问他为什么又想当老板了？他说当老板有钱可以买东西吃。每隔一段时间我都会问他这个问题，后来他的回答又变成了厨师。

我老婆就说："你这样问他有什么用？"我老婆觉得儿子对自己的想法不够坚定，因为其他小朋友想当警察，就改主意想当消防员。在我看来并不是这样，我觉得一个普通人想明白自己要成为一个什么样的人，需要一个过程，这个过程或许长或许短，答案可能也会在这个过程中有所改变，但不影响最终他真正成为那样的人。至少在这个过程中他一直在思考这个问题，人只要持续思考一个问题，那么总会有一天会找到答案。

"心不唤物，物不至"的一个非常重要的前提是渴望，心要极度渴望，物才会至。我持续问我儿子上面的问题，是要在他心里种下一颗"想要成为什么身份"的种子，要想让这颗种子生根发芽还得看他日后的努力，如果他对参天大树没有极度渴望，那么这颗种子也就只能长成一棵小草。

如果心没有极度渴望，那么就会陷入分析和逻辑判断当中，最

我发现我自己：心的底层操作系统

终就是权衡利弊而不坚定。

两个相似的创业者，都对企业发展和成功有渴望，但不同的渴望度将决定他们面临困难和挫折时的不同表现，渴望度高的人最终会获得他所渴望的事物，渴望度不高的人获得的概率就较小。渴望度小的人在一番努力后，会把那个不理想的结果归于"命"，认为那一切都是命中注定，其实在这里，"认命"和"唤物"可以理解成同一个意思。

只要我们对心唤之物保持极度渴望，潜移默化之下，一切都会向着心唤之物去创造。对极度渴望，我们可以借鉴稻盛和夫的话：愿望纯粹而强烈、日思夜想、苦思冥想、反反复复、念念不忘，那么，这种愿望就会渗透到潜意识。一旦进入这种状态，就会与平时有意识的理性思考不同，即使睡觉时，潜意识也会工作，发挥出强大的力量，让愿望朝着实现的方向前进。当我们日思夜想的时候，我们的行动就会朝着那个方向前进。

第四章　你的一切都是唯一的

前面三章主要和大家分享的是我们和自己的关系，这一章的内容会涉及自己和世界的关系，所以话题会更大更广。话题方向转变，但核心还是"心"，都是围绕"心"展开的分享，所表达的都是在"心"这个层面上的一些投射或运用。

这一章以人生为轴线，分析了生活和工作当中困扰我们的各种曲解，帮助大家明白心不定则人不定，心不安则人不安，心不改则人不改。

我发现我自己：心的底层操作系统

一　不要忘记人的属性

在这一篇当中，可能我表达的内容会有一些消极，感觉像你做美梦的时候，往你脸上泼冷水一样。因为也正是这盆冷水让我曾经"骚动"的心能够冷静下来，去思考一个人的属性应该是什么。你小时候有没有这样的想法：我是不会死的，我是最棒的，我是高贵的，意外是不会发生在我身上的，我是全世界的焦点……把自己凌驾于任何人之上，感觉自己不是地球人，像是天上的神仙。

慢慢长大以后，现实告诉我，我就是一个普普通通的人，甚至很多方面都不如别人。首先，我认识到我身边的人是凡人，比如别人的爷爷奶奶会去世，自己的爷爷奶奶也会去世；别人的爸妈会老，自己的爸妈也会老。然后我发现自己原来也是凡人，比如十人九痔的事也会发生在我的身上；三十出头的年龄牙齿已经开始掉落；听别人说一眨眼三四十岁，自己一眨眼也已经三十多；经常能够听到其他人对我的差评……

当把自己当成是"神人"和"高人"的时候，自然会认为那些

第四章 你的一切都是唯一的

倒霉的事、生老病死的事、无聊的事、失败的事不会发生在自己的身上。我会觉得像曼达拉这样的伟人，似乎应该是永生的，因为他如此的伟大，后来听到他生病进医院抢救去世，我发现原来他也是会死的。陪伴70后80后长大的明星，刘德华、成龙、洪金宝都已经老去，脸上都写满了皱纹，白发开始冒尖。原来伟人会去世，明星也会老去，再有光环的人也都是血肉之躯，需要吃喝拉撒睡。

有光环的人，在聚光灯下的人，特别容易忘记人的属性，容易陷入傲慢、自以为是、不可一世，在潜意识中把别人当成蝼蚁，却忘了自己也是蝼蚁之躯。在这个娑婆的世界上，没有人可以逃离和逃避万物的运作规律，不吃饭就会饿，再不吃就会死；不喝水就会渴，再不喝也会死，这不会因为谁的钱多或谁的地位高而有所改变。

那些认为别人吸毒会上瘾而自己不会的人，最后还是难逃上瘾；那些认为别人创业会失败而自己不会的人，注定也会以失败收场。我大学毕业之后几年开始慢慢体会到这些，那时我写过一篇文章《我不是特殊也不是例外》。特殊指高过别人，例外指不如别人，当觉得自己高过别人的时候，骄傲就来了，人开始"飘"，失败就敲门了，人生的低谷开场；当觉得自己不如别人的时候，自卑就来了，人就开始自我怀疑，痛苦就缠绕你了。

一头扎在事业上的人，会猛然发现，家里"后院"着火，孩子的教育出了很大问题；安逸上下班的男人，你的老婆会把你跟别人

我发现我自己：心的底层操作系统

对比，夜夜笙歌的年轻人，30岁以后健康会急剧下滑。

我非常喜欢的硬汉演员就是史泰龙，他主演的《第一滴血》和《洛奇》可谓经典中的经典。《第一滴血》中越战老兵兰博神出鬼没，真是无所不能的存在。37年以后2019年的《第一滴血5：最后的血》，史泰龙的肌肉已经不再，矫健的身躯已经显得老态龙钟，无不让人觉得唏嘘。

1976年的《洛奇1》中，史泰龙从一个黑社会的小喽啰，到打败世界拳王，如日中天，最后也难逃老去的命运。史泰龙在五六十岁的时候圆了自己最后再上一次擂台的梦，以后就"优雅"老去了。

无论伟人，还是成功企业家，都不能忘记人的基本属性。顺境的时候，不要忘记，只要傲慢就会失败；逆境的时候，不要忘记，只要努力就会逆转。

我过了30岁，退却了曾经的妄想，发现父母一样唠叨，和别人的父母并没有两样；只要走进商场，无论我买什么，都会被称为"帅哥"，和叫我身边的其他"帅哥"没什么区别；我曾经高傲地不会穿睡衣，要时刻保持形象，慢慢也抵抗不住冬天的寒冷。当我把自己定义成普通人的时候，就没有了作为高人的那种"装腔作势"，一切都变得简单、真实和接地气。不要忘了人的属性，也许在我们自己的眼中，自己是唯一的，但在别人的眼中他们又何尝不是呢？

第四章　你的一切都是唯一的

　　经营企业或者打工，都和人有关，只要是人就脱离不了人的属性，所以不要把别人想得太好，也不要想得太坏，不要交浅言深，不要纸短情长，不要和任何人熟悉太快，不要带着恶意揣测任何人。如果你经营企业，在做重大决策和用人决定之前都不要忘记人的基本属性。要考虑人有贪婪的一面，不会因为他是你的亲朋消失，同时也要认同他有贡献的一面，在危急关头，他也有挺身而出的可能。

　　放下以自我为中心的潜意识，你可以问问自己，你愿意借钱给自己吗？你喜欢现在的自己吗？你愿意嫁或娶自己吗？疾病不会因为是你而放过你，意外也不会因为是你而躲开你，站在更高的角度来看，鸡有鸡的归属，牛有牛的归属，人有人的归属。

我发现我自己：心的底层操作系统

二　成功恐惧症

我们先来认识一个名词——成功恐惧症。在我们普世的理解里，只有对失败才会恐惧，谁还会排斥成功呢？

所谓的成功恐惧症，就是在即将做出成绩的时候自我设限，找各种理由和借口否定自己，产生一种消极逃避的态度，并伴有拖延和懈怠等一系列不良行为。成功恐惧症导致大脑失去判断，让你误认为自己幻想出来的困难是真实存在的，并且无法逾越，所以会找各种看似合情合理的缘由来失败，自己才会觉得得到了解脱。解脱之后你又会变成一个努力奋斗、正能量的人。这样的人一般很难发现问题出在自己身上，总认为问题出在外部环境。

成功恐惧症很难被发现，因为它没显现的时候这类人给人们的印象是积极、努力、奋斗。如果生活中一个乐于奋斗的人，却没有做出任何成绩，或者总是在即将晋升或被委以重任的时候放弃，那么排除客观因素，十有八九他就是一个患有成功恐惧症的人。

我想对于成功恐惧症，我比较有发言权。大学毕业以后，我就

第四章 你的一切都是唯一的

进了培训公司,不久后就被外派到类似分公司一样的合作伙伴那里支持培训业务。原本就是一个热血青年的我,在培训公司的文化氛围下更是激情四射,在一系列陌生拜访、课前沟通、课中助教、课后回访等猛如虎的操作后,我的业绩在整个公司每月都是前三,最多的一个月整个分部其他人的薪资总和都没有我一个人的高。

在这种情况下,我却莫名产生了恐惧感、排斥和空虚,具体恐惧什么排斥什么,因为什么原因而空虚,都不得而知,它们就横空出世缠绕着我,挥之不去。整个公司都以我的市场为案例向客户介绍课程的培训效果和受客户欢迎的程度,因此我在公司里还有一个绰号——乔·吉拉德。乔·吉拉德是世界上最伟大的推销员,在公司伙伴的眼里,我就是公司最好的销售员,我说的话就是"真理"。这是销售公司的惯例,业绩最好的销售员说什么都是对的,说什么都是真理;业绩差的销售员说什么都是错的,都是歪理。

没有人看出我内心当中的恐惧和空虚感。我的感觉就像是你做了一个美梦,可你又清楚知道是在做梦一样。一方面是沉浸在美梦中的喜悦,另一方面又觉得自己要是真的拥有了梦境中的一切,那人生还有什么意义?我辛辛苦苦建立起来的努力的状态将失去作用,以后也没有了上进的机会,这算哪门子成功?以后可能会无所事事度过一生。不,我不想要这样的成功,我要继续延续努力的状态和创造更多上进的机会,所以我现在不能"成功"。看起来似乎

我发现我自己：心的底层操作系统

是我害怕"成功"，其实是我害怕离开当下的状态和环境，因为一旦离开就代表要放弃现有的去到一个陌生的"场合"，而这个场合又是尽头。

举个比较形象的例子，比如你要参加1000米的跑步比赛，辛辛苦苦、风里来雨里去练了很久就为了比赛的那一刻。可在你比赛的前一夜就开始想，明天一过，后面就不知道自己该何去何从，恐惧感便油然而生。虽然你在比赛的时候看起来信誓旦旦、信心满满，枪声一响你也会一路领先，但到最后300米的时候，就开始觉得拿了第一名就没有了追求，比赛结束自己的飒爽英姿也就消失了，属于自己的"聚光灯"不再打向自己；最后200米的时候，你想起随着比赛结束就不再需要每天早起来训练，不知道要如何面对早晨的第一缕阳光，于是你告诉自己绝不能做一个迷茫的人；最后100米的时候你"英勇"地放慢了脚步。当第一个冲过终点的人不是你的时候，你庆幸又失落，庆幸自己还有追求和努力的机会，失落没有拿到冠军，最后你告诉自己下次继续努力。你回家又鼓起勇气继续每天早起晨跑，继续练习。

所以我的市场业务，也总有各种各样"客观"的原因做不下去，感觉总会有一只看不见的手在背后推动着我，它力量无比强大，我无法抗拒。比如我会告诉自己，那个客户根本不会和我合作，所以还是不要联系了，哪怕联系了也只是谈论一些不着边际的

第四章 你的一切都是唯一的

话题，避免讲可以推动合作的细节，最终顺理成章地慢慢走下坡路，直到做不下去。然后我又换了一个环境，打足鸡血重新开始努力，过五关斩六将，在有成效的时候，我发现恐惧和空虚感又来了。经历过这样几轮恶性循环后，我似乎认识了自己的这种模式，就开始向身边的人表达我的感受，最终锁定了"成功恐惧症"这个关键词。

在企业经营中，如果总经理有成功恐惧症，则公司在蒸蒸日上的时候就会轰然倒下。并不是总经理的能力不足，也不是时机不对，而是总经理的心态没有调整好，在公司即将成功的时候，他预见到成功以后有可能出现的问题，比如：自己不会再努力工作，自己的孩子有可能成为游手好闲的富二代，自己有可能丧失在公司的地位或重要性……但这些因素往往都是他幻想出来的，并不一定会发生，即便发生了也可以解决。

我有一个朋友，年纪比我大很多，凭他的工作经历和人生阅历足可以成就一番事业，可他总是工作换了又换，每一份工作做的时间都不长，随着公司的发展，每次不是遇到问题离开就是因为别人的原因离开。他来到我的体验式课程和我对话这个问题，起初我以为是他没有找准公司，引导他列出他认为好公司应该具备的条件和因素，以支持他解决问题，后来我发现问题的根本不在于公司，而在于他自己。他不敢拥抱成果，总会找这样那样的问题来让自己合

我发现我自己：心的底层操作系统

情合理地放弃。

成功恐惧，不敢拥抱成果，可以从三个方向找原因。

第一，得到得太轻松容易，体现不出自己的能力和价值，有一种天上掉地上捡的心理。就像很多业务员，客户已经准备下单了，一方面觉得太简单不过瘾，另一方面为了证明产品物超所值，依然滔滔不绝、夸夸其谈，最后言多必失，客户打消了下单的念头。

第二，害怕成功以后"聚光灯"下的种种压力和责任，或担忧失去"聚光灯"。

第三，觉得自己不配拥有。这一点在前面"心的匮乏和不配得感"一节已经分析过了。

可能你会问，为什么成功恐惧症的人要逃避可能的成功呢？难道他们不想光芒万丈？如果不想，为什么当初他们要那么拼命努力？

他们内心是渴望成功的，他们恐惧的不是成功，而是成功背后的东西，比如责任变大了，压力变大了，被身边人议论，自我怀疑，看低自己，看重成功。

解铃还须系铃人，要想克服成功恐惧，就要找到产生成功恐惧的原因。我在自我探索成功恐惧的过程中和克服成功恐惧的路上发现了一个主要原因——享受失败。有成功恐惧的人一般是成长路上经历失败远多过成功的人，他们一直循环于"努力做事—失败—坚持做事—搞砸"这样的怪圈，最后慢慢养成了觉得失败是常态，

第四章 你的一切都是唯一的

而成功是变态的意识,他们"享受"这个"失败了再来,搞砸又重来"的过程,面对即将获得重大成功的机会,会因为可能跳出那个怪圈而变得恐惧不安。

要从根本上克服成功恐惧,关键是要"破局",破以往总认为自己会失败的局,也就是要改变思维方式,不要把眼前的成功当成是人生终极的成功或终点,而是仅仅把它们看成自己人生里的一个结点,要客观认识到当下的任何成功都不会失去让你自我和现已拥有的东西,要伸开双手拥抱成果却不要执着于这个成果,要继续努力去拥抱下一个成果,让自己享受成功带来的喜悦,而不只是享受过程中努力的感觉。一般有成功恐惧的人都希望去到更高、去到更好的地方。渴望成功的人,想克服成功恐惧就得树立一个长远的理想,让自己一直处于通往理想的"打怪长级"的路上。还有很重要的一点,就是要懂得和别人分享自己的成功,这样做你会认识到当下的成功不只属于你一个人,你可以从100%的自我成功,降到90%,80%,70%……从而"稀释"你对成功的恐惧。

我发现我自己：心的底层操作系统

三 你是唯一的世界

我相信有一部分人看到这个标题的时候，就会在脑袋里产生类似"我/你是最棒的"这样的想法。我在这里想表达的并不是"你是最棒的"这种成功学内容。"你是最棒的"潜在的台词是"第一"，而我想表达的是"唯一"。"第一"着重表达优秀甚至完美，"唯一"着重表达与众不同，即便不优秀、不完美也一样可以是唯一。同时，也不要因为"你是唯一的世界"而心生独一无二的傲慢。

每一个人都是一个世界，这个世界以他为圆心，以他身边人为半径构成，许许多多的人在一起就是每个人都是圆心又与他人互为半径，这就像一张网，每个人都是网里的一个结点。每个人都是圆心，半径自然就会生成，半径的长短不同形成的圆大小不一，就如每个人都有自己的社交圈子，只是这个圈子的大小不同。

"唯一的世界"，并不是说只有一个世界，只有一种生活方式、一种饮食文化、一种语言表达……这个世界比我们任何一个人

第四章 你的一切都是唯一的

想象的都要大很多。我妈是一个生意人，但不是全国各地跑的那种生意人，只在杭州当地做些生意。有一次我和我妈坐火车去湖北，来到火车站面对形形色色的人和进进出出的火车，我妈不由自主地说："人真多啊，这么多人都是去湖北的吗？"我说："不是啊，他们有他们要去的地方啊！"我妈说："有那么多地方可以去吗？"从我妈说的话中，我感觉到她认为所有的人和她是一样的，都是去同一个目的地，火车也只有从杭州到湖北一条线路。

对于"唯一"的准确理解是，每一个个体都是不一样的存在，哪怕相似和接近，比如世界上没有两片一样的叶子。不能有"第一"的概念，每个人都有无数个面，有长有短，各不相同。比如跑步第一，只是在无数个面中一个叫作"跑步"的面上很厉害。不要把任何一个面当成是唯一的面，否则绚烂多彩的世界就变成了黑白的世界。

有了排名就会有攀比，有了攀比就会有痛苦。就好像花和花之间要比谁更好看谁更香，树和树之间就要比谁更高谁更粗，甚至花和树都要比谁又香又高，这样的比较没有任何意义，可在现实中我们却乐此不疲。孩子之间比成绩、比才艺，大人之间比收入、比职位，对不同的人用同一个标准来评判，就好像把花和树当作同类来评判，这就是痛苦的根源。

黑人司机载了一对白人母子，孩子问："为什么司机伯伯的肤色和我们不同？"母亲答："上帝为了让世界缤纷，创造了不同颜

我发现我自己：心的底层操作系统

色的人。"到了目的地，黑人司机坚持不收钱，他说："小时候曾问过母亲同样的问题，母亲说我们是黑人，注定低人一等，如果她换成你的回答，今天我一定会有不同的成就。"

你要记住，你是唯一的世界，你是如此，他是如此，她亦如此，每个人都是这样，你要在自己的世界里发挥自己的特长。如果你是一朵花，那么尽情芬芳；如果你是一棵树，那么尽情壮大；如果你是一匹马，那么尽情奔跑，在自己的世界里尽情撒泼。不要因为你是一朵花而嘲笑树没有芬芳；不要因为你是一棵树而嘲笑草矮小；不要因为你是一株草而嘲笑马不能重生；不要因为你是一匹马而嘲笑花不能奔腾。更不要因为没有花的芬芳、没有树的高大、没有马的矫健而自卑，因为你不是它们。

世界上不存在一种生物在所有领域都是第一名，要认识到自己的存在，更要承认别人的存在，每个人的存在造就了每个人的世界，而每个人的世界又组成了这个世界。自卑、傲慢都只是强调了自己的存在或别人的存在。"第一"是这个社会所推动的一种游戏，它强调的是在同类里最优秀的那一个，让你为了今天的"第一"开心，为了明天的"第一"努力；"唯一"强调的是各不相同的美，提倡百花齐放，在这其中我们就能看到自己的美，关注自己的长处和天赋。

第四章 你的一切都是唯一的

四 演绎、事实与真相

从个人的体验中,我发现烦恼很大一部分来自我们自己内心当中的"戏",比如原本天气预报说是晴天,可你出门后却下起了大雨,又没有带伞,看着瓢泼大雨,望着身上被淋湿的部分,妆也弄花了,心中顿时升起无名之火,想着一会儿怎么见人,还可能感冒。此时的你,越想越觉得自己倒霉,越觉得倒霉就越烦恼。这是一种推理,从下雨被淋湿到花了妆被嘲笑到有可能感冒,一步紧扣一步往下推理,所思所想都是突如其来的大雨带来的烦恼。

人会根据当下看到的内容进行自我认识的推理,为什么是"自我认识"的推理?因为不同的人看见同一件事物,会根据自己过往的经验用逻辑把它们串联起来进行推理。比如,我说公司昨天发工资的时候发现少了10万块钱,有人马上就会想到是不是财务贪污了?有人会想是不是工资发错了?有人会想是不是原本总账就少10万?还有人会想是不是财务算错了?这些都是以往经验告诉他们的可能性,并不一定就是那样。这就是演绎,演绎本身也没有什么问

我发现我自己：心的底层操作系统

题，问题是我们会把演绎当真，或者活在演绎里。

有一个故事叫疑邻偷斧。从前有个人，丢了一把斧子，他怀疑是邻居家的儿子偷去了，他观察那人走路的样子，像是偷斧子的；看那人的脸色表情，也像是偷斧子的；听他的言谈话语，更像是偷斧子的。那人的一言一行，一举一动，无一不像偷斧子的。不久后，丢斧子的人在翻动他的谷堆时发现了斧子，第二天又见到邻居家的儿子，就觉得他言谈举止没有一处像是偷斧子的了。

这样的事在我们生活中并不少见，这也是我们产生烦恼很重要的一个原因。我们脑袋里的演绎，所谓逻辑推理的虚构场景，很多时候都不是事实，我们却把这个"有理有据"的虚构场景当成了事实，进而根据这个"事实"采取下一步的行动。这个时候我们是活在虚幻当中的，并不是活在现实中。

我们不是大侦探福尔摩斯，很多时候我们的推理演绎不是事实，可我们却当成事实去对待，自以为是就是这么来的。我们认为我们脑袋里想的就是事实，那么当别人和我们想法不一样时，我们自然就听不进别人的话。

一个人的演绎是演绎，一群人的演绎便成了谣言。有另外一个成语叫穿井得人。

宋国有一家姓丁的，家中没有井，需到外面打水浇地，因此经常有一个人住在外面。等到家中打了一眼井，他便对别人说："我家打井得到一个人。"有人听到这话，传播说："丁家打井打出了一个人。"都城的人都谈论这件事，一直传到宋国国君那里。宋国国君派人去问姓丁的。丁家的人回答说："因为不用再去外地打水浇地，省下了一个人的劳力，并不是从井中挖出一个人来呀。"

语言的表达、事情的呈现，会因为场景不同、语气不同、语言组织能力的不同而存在不够精准或者以偏概全的情况，这就给人以演绎的素材。演绎有错误的时候，就像疑邻偷斧的故事一样，这种演绎会不自觉地破坏人际关系和团队稳定。为了避免演绎带来的烦恼和麻烦，最好的办法就是直接向当事人求证，没有求证之前不要轻易下结论。

说明了演绎是什么，下面来讲一讲事实和真相的关系。

能够保持客观的态度看到事实，就已经非常不错了，这样的人的烦恼会比大部分人少很多，但离真相还有一段距离。演绎有错误的可能，但事实是不会错的，同样不会错也并不代表就是对的。相信每个人都知道盲人摸象这个成语。

从前，有四个盲人很想知道大象是什么样子，可他们看不见，只好用手摸。胖盲人先摸到了大象的牙齿。他就说："我知道了，大象就像一个又大、又粗、又光滑的大萝卜。"高个子盲人摸到的是大象的耳朵。"不对，大象明明是一把大蒲扇嘛！"他大叫起来。"你们净瞎说，大象只是根大柱子。"原来矮个子盲人摸到了

我发现我自己：心的底层操作系统

大象的腿。而那位年老的盲人呢，却嘟囔："唉，大象哪有那么大，它只不过是一根草绳。"原来他摸到的是大象的尾巴。四个盲人争吵不休，都说自己摸到的才是大象真正的样子。

　　这四个盲人因为看不见，所以用了比喻的方法来表达他们"看"到的大象的样子，他们四个人说的都没有错，都是事实，因为他们四个人是从四个不同的角度"看"大象从而得出不同的结论。可大象是大萝卜吗？是大蒲扇吗？是大柱子吗？是草绳吗？真实的大象是这四样东西的结合甚至更多。可以看出，事实是真相的一部分，真相由两个、三个或更多个事实组合而成。所以我们也不要急着把我们看到的、听到的内容就当成真相，当成事物的全部，也许我们只是看到听到了事实，但并不一定是真相。真相是复杂的，我们不能从一个角度或一个方面就讲得清楚，看得全。想看到事物的真相就要求我们能够多看、多听、多思考，不断求证。《教父》里一句经典的台词：花半秒钟就看透事物本质的人和花一辈子都看不清事物本质的人，注定截然不同的命运。要想花半秒钟就看到真相，读万卷书很重要，行万里路很重要，阅人无数很重要，也许这个世界上根本就没有真相的存在，因为哪怕把所有的事实加起来也并不一定就是完整的真相。

　　下面有一个关于演绎的练习，可以用来检视我们平时的状态。

　　某商人刚关上店里的灯，一男子来到店堂并索要钱款，店主打

第四章 你的一切都是唯一的

开收银机，收银机内的东西被倒了出来，而那个男子逃走了，一位警察很快接到报案。

仔细阅读下列有关故事的提问，并在"对""不对"或"不知道"中做出选择。

	正确	错误	不确定
1、店主将店堂内的灯关掉后，一男子到达	T	F	?
2、抢劫者是一男子	T	F	?
3、来的那个男子没有索要钱款	T	F	?
4、打开收银机的那个男子是店主	T	F	?
5、店主倒出收银机中的东西后逃离	T	F	?
6、故事中提到了收银机，但没说里面具体有多少钱	T	F	?
7、抢劫者向店主索要钱款	T	F	?
8、索要钱款的男子倒出收银机中的东西后，急忙离开	T	F	?
9、抢劫者打开了收银机	T	F	?
10、店堂灯关掉后，一个男子来了	T	F	?
11、抢劫者没有把钱随身带走	T	F	?
12、故事涉及三个人物：店主，一个索要钱款的男子，一个警察	T	F	?

我发现我自己：心的底层操作系统

（答案）

1、店主将店堂内的灯关掉后，一男子到达——？（商人不等于店主）

2、抢劫者是一男子——？（索要钱款不一定是抢劫）

3、来的那个男子没有索要钱款——T

4、打开收银机的那个男子是店主——？（店主不一定是男的）

5、店主倒出收银机中的东西后逃离——？

6、故事中提到了收银机，但没说里面具体有多少钱——T

7、抢劫者向店主索要钱款——？

8、索要钱款的男子倒出收银机中的东西后，急忙离开——？

9、抢劫者打开了收银机——F

10、店堂灯关掉后，一个男子来了——T

11、抢劫者没有把钱随身带走——？

12、故事涉及三个人物：店主，一个索要钱款的男子，以及一个警察——？

第四章 你的一切都是唯一的

五 目标、理想和欲望

我作为一名培训导师，或多或少会有一些人来问我各式各样的问题，有关企业管理的、职业规则的，或是人生意义的。记得有一次，一个许久没有联系的朋友在微信上和我说，他最近很迷茫，三十多岁的人了，不知道干点什么，上班和老板有隔阂，想自己创业却又没有勇气和资源，上有老下有小的一家子人要养，甚是烦恼。他主动说要把近来的情况和我说一说，我说好，然后大概半个小时没有回复信息，等来的是一段长篇大论。大概的意思就是工作不如意，家里不如意，想这想那，但又没这怕那。我回复了四个字：你要什么？他一时不知怎么回答，又给我发了一段长长的文字。我回复他：你到底要什么？他不知道自己要什么，又什么都想要，但总有这样那样的问题或困难阻止他获得，最后他告诉我说要考公务员，问我算不算回答了我的问题。我回复他：你要得太多了。

许多人已经分不清理想和欲望之间的区别，想长大当警察、当科学家的孩子好像少了，想住大别墅、开宝马车的人好像满大街

我发现我自己：心的底层操作系统

都是。逢年过节，讨论最多的话题就是买车买房，买更好的车买更大的房……我们以为有车有房就等于开心，有好车有高价房就是大快乐。有一个80后小伙子，因为闯红灯被交警拦下号啕大哭，询问后才知道原来小伙子每个月收入一万多，要还车贷和房贷也是一万多，这样的状态已经持续了好几年，平时没有多余的钱可支配，面对罚款潸然泪下。我认为，要买几万元一平方米的房子，还要贷款几十万买车对月收入三、五千的人来说就是欲望。这就是我们分不清理想和欲望，把欲望当成了理想。

太多人把欲望当成理想，把极端追求物质需求当成理想，并以此为标准给每一个人贴上是否上进的标签。

理想和欲望都是对未来美好事物的想象和追求，但根本上它们是不同的。首先理想是相对单一明确的，而欲望诸多，这山望着那山高，真是"有了千钱想万钱，当了皇帝想成仙"。

从利益的对象上来讲，理想有利于一群人，而欲望只有利于个人。一家企业要把让所有员工，进而让整个社会都获益，这才是理想，如果只是老板或高管几个人获益，这就是欲望。

从方向上来讲，理想是由内而外的，发自内心想要；欲望是由外而内的，因为被吸引，你才想要。无论是企业还是个人，如果不是发自内心地想去做一件事，而是为了赚钱而超出能力范围多元化经营，便是欲望。

第四章　你的一切都是唯一的

　　理想和欲望都可能求而不得，区别是真正有理想的人求而不得反而会越挫越勇、热情不减，一旦得到就会有满足感，有满足感就会有快乐；欲望过多的人，因为要的太多，这样得不到就换一样，再得不到就再换一样，即使得到依然无法满足，永远没有满足感，就是一个字——贪。

　　欲望和理想的出发点都是本能的需求，需求无善恶之分，关键在于如何控制，如果任由需求发展、蔓延和膨胀，那么就成了"欲望"或"贪欲"。贪欲是多样和利己的，理想是单一和利众的。

　　了解了理想和欲望，下面就来说说目标。当你有了一个理想，就要有可以达成理想的路径，可以分步骤推进，过程中的每一个结点都可以视为一个目标。比如，你在黑夜之中迷失了方向，远远看见有一座灯塔很明亮，你想去。这个时候你打开手电筒，在这个伸手不见五指的黑夜里，你能看见的就是手电筒照到的地方，这个可见之处随着你的移动而向灯塔靠近。如果我们把黑夜比喻成人生，那么灯塔就是你的理想，而手电筒照亮之处便是目标。目标无关物质或精神，通过努力一定可以达到，而理想一定是远大的，通过努力也并不一定可以达到，或甚至根本达不到。由此可以看出，理想的组成单位是目标，理想由几个或无数个目标组成。目标是可以被量化和检视的，但理想一定是量化不了的，它是一个远大宏伟的概念。

我发现我自己：心的底层操作系统

我们可以检视一下自己是活在需求繁多的痛苦的欲望中，还是活在不断为之脚踏实地地行动的理想中。

六　你的心变了，世界也变了

在电视剧《天道》里的丁元英说过这样一句话：你正因为不知道你是谁，所以你是你，等你知道你是谁的时候，你就不再是你了。

你是你，这个确认来自你的认知，这个"你"一般来讲都是未开化的你，我这么讲可能你不认同，你会觉得自己学历那么高，职位那么高，人脉那么广，见过的世面那么多，怎么可能是未开化的人呢？

一个人在未真正觉悟之前，所谓的学历、知识、人脉、世面等也都只是自己所认为的学历、知识、人脉和世面，你根本不知道它们是怎么回事。当你真正知道自己是谁的时候，你也就不再是原本的那个你了。

同理，你没有改变之前的世界，也只是你认为的世界，当你改变之后，世界也不再是原来那个世界了，世界从你改变的当下就改变了。

人要改变很难，所谓"江山易改，本性难移"，在本性没有改

我发现我自己：心的底层操作系统

变之前，哪怕你的年龄增大了，收入变高了，见的人多了，你所见到的世界都不会有改变。

人生有三个境界：看山是山，看水是水；看山不是山，看水不是水；看山还是山，看水还是水。山和水还是原来的山和水，但看它们的人的眼光变了，山和水也就变了。小时候我们看自己的家乡普普通通，长大以后外出闯荡，回家乡的时候你会发现家乡变得不再是你心里的那个家乡了，再过些时日，你再回到家乡的时候会发现家乡还是原来的那个家乡，一点也没变。

我是杭州余杭人，家在瓶窑镇的奇鹤村，原本叫奇坑村，后来两个村合并改名奇鹤村。小的时候，我知道自己村子山清水秀，家家户户都是土房子，路也是土路。上初中以后，我在外面比在家里的时候多，工作以后可以说常年在外，偶尔回家却感觉有点像是来旅游，看到自己的家乡有很大的变化，房子都成了水泥别墅，泥路也成了柏油路，被评上最美乡村以后变化就更大了。感觉家乡已经不再是我原来认识的那个家乡。2019年底我回到家乡，因为冠状病毒疫情不能外出，但偶尔会自己去没有人的乡间小路走一走，拍一些照片发到朋友圈。村里大部分田地被人承包用来绿化，种满各种大树小树，原来的乡间小路也修成了柏油路，一边走一边呼吸新鲜空气和拍照，感觉到生活在这么美丽的乡村真是幸福。这一次大概在家待了一个多月，这是大学以后时间最长的一次，渐渐我被家乡

第四章　你的一切都是唯一的

又一次的"浸泡"，发现它还是我原来的家乡，一点也没变。

虽然房子新造了，路也新建了，人也都变了，但我对家乡的那种感觉又回到了原点。我从看家乡是家乡，到看家乡不是家乡，最后又回到看家乡还是原来的家乡。家乡变了吗？变了的是房子、马路和环境，没有变的是我对家乡的感觉，还是原来的味道，还是原来的配方。无论家乡怎么发展，都在往它应该发展的方向发展，所以它是不变的，变的只是我们看待它的方式和我们对它的感觉、看法。

有一个人离开自己的村来到另外一个村，他就找到这个村里最有智慧的人问："请问这个村里的人是怎么样的？"那个智者说："你原来住的地方的人是怎么样的？"那人回答："我原来住的地方的人都很贪婪、自以为是。"智者就说："那这个村里的人也都是贪婪和自以为是的。"这个人很失望地离开了。没过多久又来了一个年轻人问这位智者同样的问题，这位智者也回问了同样的问题："你原来住的地方的人是怎么样的？"那个年轻人回答："我原来住的地方的人都很善良和友善。"这位智者就说："这里的人也很善良和友善。"

那个村里的人并不会因为那两个人不同的回答而有所改变，智者不同的回答是依据那两个人对各自的村子不同看法，两个人看待世界的不同眼光。

如果你总是不变的你，那么家庭的发展方向就会延续原来的

我发现我自己：心的底层操作系统

发展方向，该吵架的还是会吵架，该离婚的还是会离婚；在企业里如果你是"一言堂"，那么企业便会向"一言堂"的方向发展。如果你变了，变得有恭敬心，变得谦虚、随和，你就会发现你看到的每一个人都是"菩萨"，他们的灵魂都是如此有趣，你的家人是如此支持你，你的合伙人是如此理解你，你的员工是如此替公司着想……你的世界完全变了。

第四章　你的一切都是唯一的

七　万物都有重量

我在这里指的万物是看不见摸不着的东西，但它们同样有重量，同样可以压垮你。这个重量不在我们物理感觉的层面，而是在我们心灵的层面。

比如自信，它不是实物，只是一种特质，存在于我们的思想、口头或行为当中。当一个人自我怀疑、否定或消极的时候，大家通常会鼓励他要加油、要相信自己是可以的。这种"治病"的方法现在被称为"打鸡血"或"喝鸡汤"，初用此药的人仿佛久旱逢甘霖，内心万事复苏，阳光明媚，这正是有一段时间成功学在国内火热的原因。为了体现自信，所以一直要活在自信的范畴里，举手投足都散发着自信应该有的样子，在外人看来，这样的人雷厉风行，说一不二。特别是一些企业家尤为明显，他们从不把自己脆弱、自卑的一面展示给外人，他们只展示他们应该展示的，或外人应该看到的模样。

我经常听到一些企业老板会说：如果我把脆弱的一面展示给

我发现我自己：心的底层操作系统

员工看，员工会觉得公司不行了；如果我把压力告诉家人，家人可能觉得要破产了；如果把困难告诉朋友，朋友可能就远离你了。所以所有的压力、困难和不如意都只能自己扛，反而要让员工看到我的自信，让家人看到希望，让朋友感觉到热情，他们觉得那才是一个老板应该有的样子。可每到深夜，有多少企业老板无处倾诉。所以在课程里，我经常会说老板们是一群自己没有安全感，却又要给员工安全感的人。这种自信带给人正能量没有错，可时间一长自信反倒成了压力，有压力的东西就有重量，只是这种重量和石头不一样，我们无法称重。

再比如自卑，觉得自己不行、不如别人，这种暗示会一直在心里回响，自我否定和自我证明一直打架。工作业绩上自我否定，人际交往上自我不认可，虽然自己认识到问题所在，但在思想层面改变不了自己，这不是靠力气大就可以把心态"掰"过来的，对这种精神上的压力，物理层面的力量根本使不上劲。

做企业的人，都是负重前行，好像将军都穿着铠甲，但不是任何一个人可以穿得了的，古代一套铠甲有六七十斤重，足以让普通人望而生畏。企业家的铠甲不是穿在身体上，而是穿在心里，责任、勇气、格局……每一个企业家要想做好企业就得带着这些前行。

记得我们有一个客户，他说，要是他没有一点社会责任心的话，公司遭遇危机时就把员工开除了，那么企业就减负了，可他不

第四章　你的一切都是唯一的

能那么做。不论是哪一种人格品质都是一种要求和限制，会产生压力，但如果没有这种品质和限制就做不好企业。就像远行时候背的粮食，它为你提供口粮的同时也让你很累。有时候我们会对一个人说，你做这件事真是任重而道远，这里"重"的就是那些看不见的东西。

比如工作内容多，我们就会用"繁重"来表达，方案写在纸上，纸可以称得出重量，但做这些方案给的压力的重量，我们无从称起。还有一些人看到"爱情"两个字就有压力，爱情背后少男少女的辛酸让人感觉"压力山大"。还有"婚姻"，不论是夫妻间的悲欢离合还是抚养孩子，其中的"责任"二字就已经让人苦不堪言。再比如"父亲""母亲"，筷子兄弟创作《父亲》这首歌，可见父亲在他们心中的重量，所以说父爱如山。

心理层面的重量就是我们所说的压力，这种压力随着社会的进步反而越来越大。物理层面的压力我们可能通过技术解决，心灵层面的压力过大，该如何解决？

我发现我自己：心的底层操作系统

八　自作自受的人生

佛家讲有因就有果，凡夫畏果，菩萨畏因。巴菲特说，有人今天能坐在树荫下，是因为很久以前他种了一棵树。甚至有人说，人30岁以前的相貌是父母给的，30岁以后的相貌是自己修的。无论是谁，这一辈子都是"自作自受"，我这里讲的自作自受并非贬义，我要表达的意思是你要为自己的人生负责。

我们村有一个中年男人，一年四季都是一套西装一双皮鞋，手拿保温杯，一天三场赌。一天里六个时间段可以看见他从我家门口走过，分别是他出门的早上、吃过午饭和吃过晚饭，以及回家的午饭前、晚饭前和凌晨左右。他没有工作，也不知道有没有妻小，住着泥房，一头油腻的头发。要是他拎着鸡鸭鱼肉回家，那就表示赢钱了，要是他四处借钱，就表示输钱了。他偶尔会去杭州城里的亲戚家住一段时间，回来就在村里的小卖铺，也就是村里的"信息集散点"侃侃而谈，表示城里高楼大厦太压抑，他还是喜欢乡下的悠闲自在。当然也会有听不惯他言语里散发的吹嘘味道而数落他的人。

第四章 你的一切都是唯一的

也许，每个人都有不劳而获的潜意识，或认为自己不论怎么样都会有善终。不同的人生也可以理解成不同选择的呈现。选择要付出代价，你可以选择不工作，但你要承受没钱度日的代价，你也可以选择努力工作，但要付出劳碌的代价。自己"作"什么就要"受"什么，从甜的一头开始吃甘蔗，吃到最后就是不甜，从不甜的一头开始吃，到最后就是甜，从甜的一头开始吃，到最后也是甜的情况不多。

离婚率越来越高，很多人在结婚前就知道对方不适合自己或自己根本和对方没有感情，但为了媒妁之言或满足父母的要求，草草结婚生子，结果不出三年就分道扬镳。我有一个女同学，三十出头还没有结婚，家里一直催着结婚，想抱孙子，看着同龄人一个个都已结婚生子，甚至比她年纪小的都已生了二胎，在朋友的介绍下结识了一个男朋友。我了解这是个居家过日子的好男人，问题是这两个人根本没有感情，结婚前我和介绍人都劝她不要为了完成任务而结婚。

无论我们怎么苦口婆心，她都无动于衷，道理她明白，后果她也能看得到，可就是听不进劝。在他们的结婚典礼上，感觉不到新婚夫妇的开心快乐，婚礼很隆重，但他们的感情却很浅。不到一年生了孩子，他们就无声无息地离了婚，孩子判给了我同学，她一边工作一边带孩子。她爸妈要承担当初一个劲儿催婚的后果，当初

我发现我自己：心的底层操作系统

催婚也许是因为同龄人的儿女都已成家立业结婚生子，自己觉得没面子，到头来却因为"用力过猛"导致女儿匆匆结婚又匆匆离婚，反而更没面子。我的同学也要为当初不听劝的"任务观点"付出代价，在没有另一半支持的日子里一个人抚养孩子。

这种自作自受的例子，现在已是数不胜数。说到这里，我不得不提一个教育问题——惯子如杀子。我们会看到各种"逆子"的新闻，在感叹可怜天下父母心的同时，反过来也值得深思的是父母的教育问题，十多岁还要父母喂饭到嘴的孩子，怎么可能不是逆子？在一切由父母包办下长大的孩子如何知道孝顺？以爱或关心为名"惯子"，到头来父母和孩子都是受害者。担心飞翔危险剪掉孩子的"翅膀"，又怎么能够责怪他们长大后不能飞翔呢？

有一个法则是，我们对待这个世界的态度会反作用到我们自己身上。我在体验式训练课程里有一句话——若要如何，全凭自己。这句话也是对自作自受的解释。高楼大厦不是一天建成的，冰冻三尺也并非一日之寒，我们的每一次努力和每一次逃避都记录在案，每一个选择都引导我们走向不同的路。想得豆就种下豆的种子，想得瓜就种下瓜的种子，糊里糊涂地种下了不知道什么种子，那么得到的也必将是稀里糊涂的果子。

自作自受的规则里有一些"受害者"，加上引号是因为那些人并不知道自己做的事到最后会有那样的结果。还是以孩子的教育为

第四章 你的一切都是唯一的

例，有很多家长，在孩子摔倒的时候会责备地面，打凳子，然后对孩子说是地面或凳子把宝宝绊倒了，家长是出于安抚孩子的目的，但他们不知道的是，这种行为是在潜移默化使孩子养成不负责任和以自我为中心的思维。有的小朋友有玩具要先玩儿，有东西要先吃，不能满足就要哭。面对这种情况，依然会有一部分家长认为是孩子还小不懂事，等长大了就不会这样了，当孩子长大以后，却发现孩子极度自私和懒惰，并没有因为长大而懂事，到那个时候再来教育为时已晚。我不怀疑那些家长的用心和对孩子的爱心，只是他们并不知道这种教育是对孩子的错误引导。

任何一个人的人生都是自作自受，不论你知道还是不知道。

我发现我自己：心的底层操作系统

九　用一生来修正自己

　　用一生来修正自己，换句话说就是活到老学到老，不过二者还是有区别的，区别在于前者是"修正"，后者是"学"，学不一定会去修正，但要修正一定要学。如果把修正自己比喻成治疗，就好比医生自己给自己看病或动手术，要先找到病因才能对症下药，如果这个医生对自己的病因不了解或因为是自己的病就包庇、不敢下狠手，那么这个病肯定治不好。同理，如果要修正自己，对自己不了解或下不了狠心，那么肯定也修正不好自己。

　　所以，修正自己的前提是不能认为自己永远是对的，而是要把自己摆在有错误、有提升空间的位置上。

　　如果拿放大镜去看人的缺点，就犹如天上的星星一样多，只是我们的自我认知都是白天，所以才看不见星星——看不见自己的缺点，但看不见并不代表它们不存在。因为我们认为活在白天看不见自己的缺点就自以为圆满了，就产生了自满和安逸。不相信的话你可找几个人问一问：你觉得自己的缺点是什么或需要提升改变的是什

第四章 你的一切都是唯一的

么？我相信他会支支吾吾好长一段时间来思考如何组织语言。

　　修正别人是简单的，鸡蛋里挑骨头谁都可以做到，如果把对象换成自己来修正就很难，因为有"我"的存在，这个"我"不允许自己有错，不接受自己不完美，对错误会像鸵鸟把头伸进沙子里一样视而不见。可见，要修正自己，仅是认识自己有错这么一个前提就很难做到，"绝对防御"之下我们无从修正自己。

　　我身边的大部分人都在求"稳定"二字，求稳定的生活、稳定的工作、稳定的人际关系等，这意味着在一个固定的地方，把自己打磨成一个固定的形状，就不用再打磨自己了，其背后的意思是，这样就断除了"犯错"的可能性。这不是说要大家经常换工作折腾生活，我整本书的内容重点不在形态上，而都是心这一层面的表达，心如果求稳定求舒适，那么就失去了修正自己的可能，同样，修正自己不仅仅是在修正形态上，主要是在修正自己的心上。

　　据说胡雪岩说过：前半夜想想自己，后半夜想想别人。现在是前半夜玩电脑，后半夜睡着了，没有了想想自己的时间。想想自己的什么呢？并不是想想今天我哪里做得好，更重要的是要想想今天自己哪里做得不好。我慢慢养成了一个习惯，就是每次和别人聊天以后，回到家一个人的时候，我会想想刚才和别人的对话中有哪里讲得不对、语气不对或者是讲了不该讲的话，然后下一次和别人聊天的时候就会特别注意，慢慢就改掉了不好的习惯。

每个人的头上也没有写着到底有多少地方可以修正，你需要修正的地方是一百，他是一千，我是一万。修正也没有固定的前后顺序，没有规定先修正哪个再修正哪个，都是哪个先被自我发现就先修正哪个。这有点像升级打怪，你永远不知道下一个是什么怪，一共有多少怪，你能做的就是来了就打，然后继续打下一个。

乔达摩·悉达多用了六年修行，直至开悟成佛，在他开悟之前也是苦修多年没有正果，以至心灰意冷，发愿在菩提树下打坐，不能觉悟就永不起身，可见他也是准备用其一生来修行。修正自己不要有固定的期限，否则我们往往只会关注这个期限而忘记如何去修正自己。这就像告诉你去美国需要坐20个小时的飞机，那么你只会关注还有多少小时可以到达，而错过了旅途本身。我们最好告诉自己，修正自己没有终点，我们用要一生来修正，唯有这样我们才能关注修正自己本身，而不会想着"偷窥"还有多久就可以圆满。下定决心做更好的自己，找到了修正自己的路，就不要问路有多长，只管上路便是。

还要记得，不要把修正自己和把自己变得圆滑和世俗混为一谈。

第四章　你的一切都是唯一的

十　玻璃心

人人都想要有强大的内心，可事与愿违，大部人还是"玻璃心"。玻璃心的人也基本上是老好人，自己讲不了"狠话"，也听不了"狠话"，不能深入聊一些话题，只能蜻蜓点水聊皮毛，不痛不痒，你好我好大家好。

和玻璃心的人打交道特别累，因为他们关注的往往不是事情本身，而是别人对他的看法或他感觉自己心里好受或不好受，这会使大家不能实事求是谈问题。可能在玻璃心的人的眼里别人都是带着恶意或有攻击性的，玻璃心的人最大的特点是非常敏感，他们能非常"精准"地捕捉到别人言语里的"言外之意"，然后扣到自己的身上。不管对方讲话委婉还是直接，他都会"上身"，对方讲话委婉一些，他就会在心里想"他是怕我受伤所以才这么讲，但意思还不就是不认同我，觉得我做得不够好"，如果对方讲话直接，那他就更觉得不得了"原来他对我意见那么大，原来我那么差劲"。

玻璃心的人有一种特殊的"能力"，就是不管别人说什么，

我发现我自己：心的底层操作系统

他都可以把话理解成"恶意"的，所以玻璃心的人认知比较局限，他接收别人话的范围比较小，以0为坐标，0右边是正数，也就是好话，他可以无限接受；左边是负数，他只能接受-2或-3，最多不能超过-5，一旦超过他就受不了了。每个人都有优点和缺点，内心强大的人既能欣然接受别人的夸赞，也能坦然接受别人的批评，玻璃心的人只能听别人夸他的优点，接受不了别人说他的缺点。

玻璃心的人对团队合作和个人的成长都是很大的障碍，团队当中如果有玻璃心的人，那么团队的其他成员就会比较累，讲任何话顾及的不是真实有效性，而是玻璃心的人是否会受伤，因而团队的沟通成本就会很大。真话往往是很伤人的，能够听真话的人都需要勇气，能够听真话的人已经很了不起了，能够忍受别人无端批评或指责依然处之泰然的人才是真正内心强大的人。

以我自己为例，初上讲台的时候，自认为讲得很好，大家会很受益，学员们也很给面子，报以掌声和鲜花，这更坚定了我讲课好的心理暗示。可时间一长就能听到学员在外面讲我的不足，我的第一反应便是，他们都是不认真听讲的学员，都是层次低的学员，听不懂我高深的内容。当我这么想的时候，得到了自我安慰，可心里还是不好受，所以在之后的培训课中有时会刻意揣摩学员的微表情，猜测他们对我的评价，却没有真正对自己的授课做反思、调整和改变。慢慢我发现自己的演讲能力没有得到提升。可脆弱的心依

第四章　你的一切都是唯一的

然使我无法正视自己的不足，一边是学员的差评，一边是找各种理由来合理化"说服"自己，保持心目中自己完美的形象，表面上装作无所谓和乐观的样子，心里却波涛起伏、备受煎熬。

玻璃心的人除了内心敏感，外在看起来没什么问题，甚至优于普通人，因为他们要让自己看起来并不玻璃心。所以玻璃心的人很大的一个特点就是，他们都是"草莓族"，表面上看起来光鲜亮丽，但却承受不了挫折，一碰即烂，不善于团队合作，主动性和积极性都比较差。

内心强大的人并不是天生就强大，也是逐步成长起来的。玻璃被无情打碎，然后自己修修补补，再被打击，再自己修修补补，如此循环，渐渐就不会再因为对别人的评价看得太重而内心受伤。如果只是这样，就会从玻璃心变为石头心，只是变"硬"了，承受力变强了，遇到更大的挫折或指责依然会崩溃。所以，克服玻璃心的方法就是两个字：客观。客观去听别人的评价，客观看待遇到的挫折，不夸大、不视而不见、不找理由，放下自己的感觉，把别人的评价转化成解决问题的"线索"。这个时候就需要我们把焦点放在外，也就是怎么做能解决问题我就怎么调整自己，让自己退后，让结果发生，这个时候不管别人怎么评价，挫折再怎么大，都不能伤你丝毫，你的内心也就真正强大了。

玻璃心的人，不能当团队领导，一个优秀的领导者必须保持一定程度的"固执",这种固执不是基于自我,而是基于客观事实,充分尊重和相信事实,一切以结果和负责任为核心。我们要重视外界的评价,但不执着于评价,评价向左你就向左,评价向右你就向右,就不是基于事实,而是基于你内心的不稳定,本质就是没有原则,怕承担责任。

十一　活在当下

如果没有进入培训行业,我想我肯定是一个活在对未来的盼望里的人。我是一个农村人,从小耳濡目染,长辈们潜移默化灌输着"向前看",仿佛"向前看"眼下的困难和不如意就消失了一样。确实,在我以往的认知里,过去是苦的,现在也是困难重重,唯有未来是美好的,所以要向前看,看到未来功成名就,看到未来幸福美满。

林语堂说:目光放远一点,你就不伤心了。

这种活在未来的人往往有一个特点,就是排斥和无视当下,他们伸长了脖子看向远方,却看不见自己身在何处。就像那只驴,未来就像绑在棍子上的胡萝卜,近在眼前,却远在天边,永远抓不住它。

《金刚经》中说:过去心不可得,现在心不可得,未来心不可得。

没有人可以改变过去已经发生的事,可有多少人回想起以前总是悔不当初,于是一遍又一遍回忆,一次又一次自我伤害。用三个字来形容就是"早知道","我早知道不买那只股票了""我早知

我发现我自己：心的底层操作系统

道就听他的话了"……这类人活在过去，活在自责和悔恨当中，这种自责和悔恨是消极的，会极大地消耗能量，茶不思，饭不想，夜不能寐，面对眼前的困难就显得力不从心。对过去，我们任何人都会束手无策，心心念念无法改变，自己就画地为牢成了"困兽"。有些人活在过去的自责中，也有些人活在过去的光环中，他们看似很开心快乐、沾沾自喜，但同样错过了可以再创辉煌的当下。

《三国演义》中，曹操刺杀董卓失败，在逃亡途中被陈宫所救，陈宫被曹操的远大志向感召，罢官弃子和曹操一同逃亡，准备在乱世之中共创大业。他们来到吕伯奢家，吕伯奢吩咐家人杀猪款待二人，自己前往西村买酒；但曹操误以为半夜吕家人的磨刀是要杀死自己，于是尽杀吕氏家人。离开吕家后遇见买酒归来的吕伯奢，曹操因担心吕伯奢告发自己，于是挥剑砍死吕伯奢。陈宫因此责备曹操大不义，便起了异心。当天晚上陈宫久久不能入睡，陷入深深自责之中，曹操却睡得鼾声如雷。陈宫觉得，曹操误杀吕氏一家，还一错再错杀了吕伯奢，晚上竟然还能如此酣睡，如此心狠手辣，知恩不报，自己跟着曹操没有出路可言，当初是不是看错曹操，以为他是一个英雄，没有想到他是一个这么嗜杀的人。并且，现在的曹操和当初的董卓没有什么两样，甚至如果曹操成长起来，发展壮大，对天下的祸害会比董卓更大，自己一定要为天下人除害，趁曹操现在正在睡觉，不如一刀斩了他。可是陈宫转念又想，

第四章 你的一切都是唯一的

自己昨天才救了他,而今天又要亲手杀了他,自己和曹操又有什么两样呢?于是他一气之下一剑插在了床头,扔下曹操一个人走了。曹操早上醒来看到插在床头的剑,便知道了一切,笑着说:"想杀便杀,何必那么纠结!"

不论这个故事真实与否,曹操和陈宫的不同在于,曹操能够活在当下,不会因为已经发生的过错而一再自责;陈宫有一种"正义和悔过之心",让他对过错耿耿于怀。最终曹操得位后曾去祭奠吕氏全家。

《羊皮卷》中也说:我不为昨日的不幸叹息,过去的已够不幸,不要再赔上今日的运道。当我们悔恨或得意于上一秒时,当下这一秒便成了过去,当我们期盼未来一秒时,又一秒从我们的指间滑过变成了过去。

人的思维很奇怪,总是觉得一切等以后就好了。

生娃前:等娃生下来就好了。

生娃后:等娃一岁就好了。

娃一岁了:等娃上幼儿园就好了。

娃上幼儿园了:等娃上小学就好了。

娃上小学了:等娃上初中就好了。

娃上初中了:等娃上高中就好了。

娃上高中了:等娃上大学就好了。

我发现我自己：心的底层操作系统

娃上大学了：等娃毕业上班就好了。

娃上班了：等娃结婚了就好了。

娃结婚了：等娃生娃就好了。

……

为啥不觉得当下就挺好呢？孩子成长的每一个阶段都很可爱，当我们期待下一阶段"就好了"的时候，我们将永远错过了当下这个阶段。

一个小和尚问老和尚："师父，您开悟前每天做什么？"老和尚："挑水、劈柴、做饭。"小和尚："开悟后呢？"老和尚："挑水、劈柴、做饭。"小和尚："那开悟对你来说没有任何改变啊？"老和尚："开悟前，我挑水的时候想劈柴，劈柴的时候想做饭。开悟后，我挑水的时候想挑水，劈柴的时候想劈柴，做饭的时候想做饭。"这个故事很有意义，师父开悟前，常常心猿意马，瞻前顾后。开悟后，就专注于眼前的事情，不去担心未来，也不纠结过去，正是活在当下的极高境界。只有当我们专注于当下时，才能尝到"味道"，不管这种味道是橘子的味道、青菜的味道还是困难挫折的味道，只有活在当下才能不空虚不后悔，时时拥有当下这一刻。

第五章　向你的操作系统输入什么

底层操作系统，是真正区别人与人的因素，这一章更多是关于修行的分享，如果我们能够更多了解这些内容，那么烦恼会成倍减少，工作会顺利，生活会自在。

我们只有敞开心，才能体验信任的力量，这股力量适用于任何方面，团队建设需要，家庭氛围也需要。利他几乎是让别人喜欢你的最好的方法，也是事业成功的核心；只有保持足够的平等心，我们才能脱离烦恼；诚服于无常，才不会对身边的变化措手不及。

我发现我自己：心的底层操作系统

一 你的底层操作系统是什么

"湖畔大学"的梁宁说：如果把人想象成一部手机，人的情绪是底层的操作系统，你的能力只是上面一个个的App。

我看了的文章《湖畔大学梁宁：比能力重要1000倍的，是你的底层操作系统》，觉得非常精彩，是经验之谈，非常受用。相比认为情绪是底层的操作系统，我更认同价值观是人的底层操作系统的说法。

什么是价值观呢？简单讲，价值观就是你认为什么东西是对的，什么东西是错的，是你选择和评判事物的标准。有了这个标准，人就可以按照这个标准选择生活、工作和人群，每一个人的标准又不太一样，所以每个人看待生活、工作的态度就不一样，甚至是天壤之别。每个人的言行和技能都"安装"在这个底层的操作系统上，反过来讲，什么样的底层操作系统——价值观，安装什么样的App——言行和技能。

如果你使用安卓系统的手机就无法安装iOS系统，人也是同理，

第五章　向你的操作系统输入什么

人的底层操作系统，也就是价值观一旦形成就很难改变，而且价值观这种东西不存在升级之说，因为价值观不存在高级和低级，而只能是从一种价值观转变成另外一种价值观。有些价值观虽然看起来是对立的，但不存在好坏，就像吃辣和不吃辣没有说哪个高级，但确实有些人会慢慢从不吃辣变得吃辣，或者正好相反。

我很认同滦宁说的什么是普通人，就是快乐没有那么强烈，痛苦也没有那么巨大的人。普通人的人生会在既定的轨道上相对平稳地运行，而不是被快乐和痛苦牵引撕扯，没完没了地折腾。什么是杰出的人？就是如果一个人求而不得，就会非常痛苦，为了得到他想要的，牺牲什么都可以。如果一个人的底层操作系统里没有驱使他承受痛苦的价值观，他就不会去做让自己痛苦的事。人的本性都是逃避痛苦追求幸福的，杰出的人肯定会有让他愿意走向痛苦的价值观支撑。

举个例子，我身边有很多人都觉得"生死有命，富贵在天"，要及时行乐。一方面有些人并不知道"生死有命，富贵在天"要建立在努力进取的基础之上；另一方面，说这些话的人条件基本还不错，可以在人生既定的轨道上相对平稳地运行，不会被快乐和痛苦牵引撕扯。价值观都是在经历中养成的，也是在经历中改变的。生活安逸的人不会想着去打破安逸。如果你的底层操作系统是奋斗，那么你肯定会安装各种相关App，去学各种技能，包括演讲、穿着打

我发现我自己：心的底层操作系统

扮、做方案、使用PPT、有效沟通……

我记得大学毕业那会儿，我有两条清晰的人生格言。第一句是：使你痛苦者必使你强大。所以那时我每次遇到挫折、失败或不如意并不会气馁，还会越挫越勇，做别人不敢做的事。我还经常和别人说"今天我做了你们不敢做的事，明天我就能做你们做不到的事"。那时候我可以一天坐近100站公交去面试找工作，摆订婚酒的时候，也因为我面试耽误，回到家时亲戚们都已散去。第二句是：唯有正道才能长存。所以我不敢做有违道德和法律的事，甚至朋友邀请我去蹦迪、洗脚我都觉得有点和我的价值观不相符，当然蹦迪、洗脚不违道德也不犯法，我不会抽烟，也许也和这个有关吧！

我们的价值观就是我们的底层操作系统，也就是我们的精神结构，有了什么样的价值观就会选择在上面装什么样的App，不相融的App装不上，也可以说是对和自己价值观不同的App有排斥性。无论什么样的行为，只要符合自我的价值观，自我都会默认是"正确"或"可取"的。

创业、组建团队一定要找价值观相同的人，只有价值观相同的人才会安装相近的App，如果底层操作系统不同，那么大家对事情的认知就不会相同。许多人不赞同婚姻要门当户对，认为一定要感情为先。但是家庭条件相近的人，对生活的认识会很相近，这就从源头上减少了很多分歧，物质条件相差太大的两家人，对生活的认识

———— 202 ————

第五章　向你的操作系统输入什么

有着无法调和的矛盾。

小康之家出身的儿媳妇嫁入了条件不好的婆家，甚至会因为公婆上完厕所不冲马桶而争吵，儿媳妇想的是讲究卫生，公婆想要节约用水，这都没有错，不需要谁让着谁，谁包容谁，而应该从调和价值观上解决这个难题。

价值观就像人的骨头，支撑着整个人，骨头被打断，会带来剧痛，如果人的价值观被击穿，那么他的精神也要承受痛苦，然后在痛苦中克服困难，在这个过程中他的价值观会被重新塑造，重塑的价值观往往更适用。

如果你觉得现在的生活不是你想要的，工作也不顺心，那么你真得好好检查一下自己的底层操作系统，是不是你的价值观已经不适用。

我发现我自己：心的底层操作系统

二 信任的力量

在我的体验式训练课程中，会有一个环节专门分享和体验关于信任的话题。平时在和朋友聊天的时候，说到信任的话题，很多朋友会摇着头说："这个社会哪还有什么信任可言，哪还有什么承诺可讲！"我看过一个吴晓波的视频，他讲关于商业诚信的话题，说原来有一个地方的人相互之间借钱不用打欠条，自己欠谁的，谁欠自己的都很清楚，这样做生意也省去了很多纠纷，可后来有一个人借了钱就消失了，从那以后，一传十、十传百，三角债就蔓延开了。

我让一个三岁的孩子伸出手，他开心地伸出手，我在他手心上打了一下，他就缩回去了，我让他再伸一下手，他又伸了出来，我还是在他手心上打了一下，他马上又缩了回去，我笑着让他再伸一次，他不愿意再伸手了。我想，信任都是这样被"撕碎"的。

一方面信任是主动的，另一方面信任是有风险的。被骗的次数多了，人们就开始选择不信任任何人，以保护自己免受损失，这是自我保护的一种表现。恐惧让你止步于眼前，不信任别人让你和别

第五章 向你的操作系统输入什么

人之间树了一道墙,别人进不来,你自己也出不去。所以不信任别人的人是自我保护、自我包裹很紧的人,这些人内心不够强大,对信任没有正确的认识。

信任分四种:我信任你、我不信任你、我不肯定是否信任你、我不在乎别人说。在这四种里第三种"我不肯定是否信任你"在人际交往中占了很大的比例,其实这就代表着不信任。所以在这四种类型里,除了第一种,其他三种都属于不信任。

电影台词里说"我连自己都不相信,我还会相信你吗?"这说得很好,一个人如果连自己都不相信,那么他就不会相信别人,别人也不可能相信他。所以信任首先从信任自己开始,让自己成为一个值得别人相信的人,做一个事事有回应,事事有着落的靠谱的人。相信自己可以胜任某项工作,相信自己值得被别人信任。当然,相信自己不是盲目相信,相信自己的背后是需要一些东西的支撑,可以是技能或物质基础,没有这些支撑的相信自己就成了自负。如果你是一名业务员,首先就需要对自己的产品了如指掌,拜访客户的时候,需要提前准备好各种资料和对应的SOP话术,有了这些东西你才会有真正的自信,可以和客户侃侃而谈,不会没有底气。

敢于信任别人的人都是内心强大的人,因为前面已经说过,信任就意味着风险。这里我想问一个问题:是不是世界上所有的人都值得被信任?我在我的体验式训练课程里提问这个问题,大部分学

我发现我自己：心的底层操作系统

员表示不是所有人都值得被信任，因为并不是所有人都是好人。

我想在此说的是，世界上所有人都值得被信任，只是每个人的"信任度"不同。父母我们可以信任，刚认识的同事可以信任，甚至路人同样也可以信任，但我们可以无限信任父母，却不能无限信任同事和路人，信任应该有一个度，这个度需要自己把握。不同的人对同一个人的信任度也不一样。走在街上有人向你问路，我想这应该是给所有人最基本的信任。当路人开口向你要钱吃饭的时候，大部分人可能直接拒绝，一小部分人会给五块十块钱，但肯定不可能有人给太多，否则便超出了适当信任度。有人向你借了一次钱没还，第二次再借还没还，他一而再再而三向你借钱而不归还，你都有求必应，这也超出了信任度，这时就不能只埋怨别人不讲诚信，这也是你自己放任的后果。

有时不能靠感觉来判断要不要信任对方，而要依靠体系，比如淘宝的信用体系，买家先付钱给第三方，卖家发货，等买家确认支付或到货若干天后钱自动转到卖家账户。

有两个战士身经百战，身上到处都是伤疤，可奇怪的是他们的后背是完好的，别人好奇地问他们原因，他们说在战场上他们把自己的后背给了彼此，双方都把自己的盲区给了对方，这样一来他们的视野反而360度无死角。

在企业经营当中，特别是创业时期，信任无比重要。合伙人相

第五章 向你的操作系统输入什么

互间的信任离不开创业之初的选择，一开始就要选择经过自己考验的人作为合伙人，否则过程中再谈信任就显得苍白。对某人委以重任的时候，在充分相信的基础上要十足放权给他，这样就起到了激励的效果。可很多领导者，用人之道是看得顺眼或用亲信，过程中疑心病很重，搞得下属办事很累，领导自己也很累，最后是顺眼的变成不顺眼，亲信变仇人。

信任可以让合作变得简单，让工作变得高效。很多公司会招一些"空降兵"，这个时候老板的潜意识就会以考验为出发点来和他对话，这种试探会给新来的人不信任感。在合作的一开始就带着不信任，那么"空降兵"的存活率会很低。要知道的是，考验应该在面试的时候，而不是在人进公司以后，既然已经招了他进公司，就要充分信任，人家才会在心态上有被认同感，才会有归属感。

团队成员在面对非议和自我否定的时候，如果能够相互信任并支持鼓励，这样的团队便会有凝聚力和向心力，如果每个成员都要证明自己更高明，个个都自以为是，不愿意放下身段去信任和支持别人，那么这个团队必然走不远。在这里我要重点提出的是，首先是自己对团队里的其他成员不能有任何成见或隔阂，哪怕有一点点，别人在你面前说问题的时候，就会"勾引"出你心里的成见和隔阂，把你原本很小的成见，放大100倍。所以在团队当中，彼此如果有意见就要当面对话，并且每一个成员都不要玻璃心，职场打拼，相互有磕磕碰碰是常态。

　　同时也要求团队里的每一个成员不要通过别人的嘴巴去相互了解，我可以说，别人在你面前讲的任何话都是经过"筛删"的，他们只能看到事实的一部分，但他们就会把这一部分当成全部事实或真相来告诉你。我相信大部分的人心不坏，不太会故意添油加醋挑拨是非，这个时候我们只要把他们说的话当成作不完整的资料和信息参考就可以，想要求证或了解完整的事实就得找当事人直接对话。这就对团队有了另一个更高的要求——敞开，必须极度求真和极度透明。唯有团队成员之间相互信任，团队才能有战斗力。

三 你是对的，那又怎么样

网上有这样一个段子。

"大师，什么是快乐的秘诀？"

"不要和愚者争论。"

"大师，我完全不认为这是快乐的秘诀。"

"是的，你是对的。"

短短对话，显示了智者与人的相处之道。

我们现在不快乐的原因不再是吃不饱穿不暖，而是总想证明自己是对的，却很难做到。太喜欢争个对错输赢，是我们痛苦的源头。几个人聊天要争谁更有道理，谁更有钱，谁更好，甚至还会争谁更惨。夫妻之间很少有为买什么车而争吵的，却为了吃咸还是淡吵个不停，一方说吃淡点健康，另一方说太淡了不好吃，双方各执一词，争个面红耳赤。上到神话《西游记》，下到凡人好汉《水浒传》，都喜欢讲谁厉害，谁官大，谁更聪明。

学术造诣有高有低，考试成绩有好有差，可是我们不接受为

我发现我自己：心的底层操作系统

人处世上有高低和好坏之分，因为低和坏就意味着没面子，不被喜欢，不受欢迎，所以我们不会认输，也不承认自己有错。于是，在家里吵，在公司里争，最后也许是吵赢了，争到了，但结果是众叛亲离，输掉了最宝贵的亲情和友情。

中国人讲"家"文化，很多企业也提倡家的文化，而家不是一个讲道理的地方，家是一个讲"心"和"情"的地方。男人在家里道理讲得越对，女人越火大，大部分男人无法理解这是为什么。因为女人认为是你把她当外人看，才讲这些道理，道理是讲给别人听的，不是讲给家人听的。这个逻辑从理性上很难理解，只有从用心用情的角度才能认识。

高手很多时候都是低头的，他不要赢也不要和，他直接认输，向比自己厉害的人低头，向小人低头，要向不如自己的人低头。向比自己厉害的人低头，你才会弯下腰向他学习；向不如自己的人低头，你才会懂得谦卑，这就是"怂"的智慧。

人的年龄越大越会懂得"不争才是争，不得才是得"的道理。你与爱人争，赢了争辩，输了感情；你与朋友争，赢了利益，输了人情；你与亲人争，赢了面子，寒了人心。可以说对错观念特别重的人，人际关系都不太好，而且经常吃亏，因为没有一个人喜欢和经常让自己输的人在一起。

在一些无关紧要的事上，一定记住不要赢，要输。这对带领团

第五章　向你的操作系统输入什么

队的人非常重要，如果团队领导者什么事情都要对，什么事情都要赢，团队成员和他相处会非常累。因为领导者的决定、想法和观念在不同的情况下不一定都是正确的或最优解，在这个时候如果还要坚持己见，团队成员迫于职位高低或为了保全领导的面子，不得不认错，长此以往，团队成员将失去自主思考问题的能力，领导者也将被贴上固执的标签。比如团建的时候去KTV唱歌，领导者不要唱得那么好，否则其他人都不敢唱了，氛围就起不来了。在小事上不要争输赢，让别人开心，别人就会让你开心。

关于家庭教育，我再一次强调，家不是一个讲道理的地方，对孩子也是一样，家是一个讲序位和规则的地方。下面我分享一个我和我孩子互动的案例。

我有两个儿子，大的8岁，小的5岁，我特别重视规定孩子看电视的时间，可能这和我是近视眼有关。有一次午饭前，我明令他们不能看电视，我自己在书房做事，等我出来的时候发现他们两个在看电视，我就问他们是谁打开电视机的，两个孩子都说是对方开的，我问了两次依然如此。我就说你们都不肯承认是谁开的，那么两个人都要打手心，我挨个打了他们的手心。然后再问是谁开的，最后老大承认是他开的。

我先对大儿子说："爸爸说了不能看电视，你还要看电视，还撒谎，到门口罚站。"大儿子就走到了门口站着，小儿子在一边

我发现我自己：心的底层操作系统

幸灾乐祸，我对他说："哥哥看电视，你也跟着一起看，你也要罚站。"他认同，然后走到大儿子旁边一起站着。

他们两个站在我书房的门口，我在里面做事，不到五分钟，大儿子首先哭着说："我以后不撒谎了。"

我说："不行，要站到吃饭为止，站好！"

又过了不到三分钟，大儿子看着小儿子对我说："爸爸，弟弟哭了。"

临近吃饭的时候，我就把他们两个人都叫到跟前，首先问大儿子："为什么自己开的电视，你要说是弟弟开的。"

大儿子含着眼泪说："我怕被爸爸妈妈惩罚。"

我说："自己做的事，要承认，才是好孩子，哪怕是被惩罚。"

他点点头。

然后我又对小儿子说："哥哥看电视你也看电视，所以要跟着哥哥一起被罚。"又对大儿子说："你看，你给弟弟带了一个什么样的头？你这个哥哥做的什么榜样？"

没有按规定看电视，只是一个因，如果只是纠结于是谁开的电视，那么只能止步于我的"权威"和我的规定。如果只有对错，那么只有两方，一方是我两个儿子，另一方是我，他们两个人是统一战线的，他们之间不会有互动，在这个基础上要让他们之间也产生互动，我一向倡导弟弟要听哥哥的，哥哥要想着弟弟，给弟弟树立

第五章　向你的操作系统输入什么

榜样，正好借这次机会进行了教育。

很多时候，我们得跳出对错的圈子，才能看到更多，处理得更好。如果只分对错，很难处理好人际关系，当我们放下对错的时候，就用"心"了，人情味就出来了，就有了温度。有温度的东西，才会吸引人，才能团结人，只有对错，就是冰冷的，冰冷的东西不会被喜欢。

所以，争个对错没有用，你是对的，又怎么样呢？

我发现我自己：心的底层操作系统

四 利他，比你想象的难很多倍

利他，从字面理解就是做有利于他人的事。利他已经成了一个热门词，甚至有人说最好的商业模式就是利他。利他可以用在我们生活工作中的方方面面，这不难理解，但要实践却不简单。想要把它实践在生活和工作中就需要做到"无我"，只要有"我"的存在，就做不到真正意义上的利他，因为"我"只做利己的事。

有个朋友对我说："没有真正意义上明心见性的人，做不到真正利他，最多只是摆个样子。"利他是要做真正有利于别人的事。只有了解对方才能做真正有利于对方的事，如果不了解对方，一厢情愿，自以为是，就不是真正利他。

利他就是给别人想要的或是做别人愿意接受的事，或者说，利他就是做让别人满意的事。这个满意可以有很多解读，比如开心、成长、有收获……如果你的好心别人不接受，那么最多只能算是付出，不能算是利他。付出和利他的发心是相同的，就是给予他人方便和利益，甚至不惜放弃自己的需要，也不求回报。二者的不同点

第五章 向你的操作系统输入什么

在于别人不一定接受或满意你的付出，而利他一定是别人接受并满意的。付出的焦点在我，利他的焦点是别人。还有一点非常重要，就是给别人想要的一定要是"正"的东西。

我们不能要求别人利他，从而让自己获利，利他是用来要求自己的，就像感恩、付出一样，我们不能要求别人感恩或付出给我们自己，只能要求自己感恩和付出给别人。方向不能搞错，方向一错就变成了"绑架"。

为什么说利他比你想象的难很多？一方面一些人只关注自己，不会从自己的一言一行考虑身边人的利益，比如一群人一起聊天，有人夸夸其谈没完没了，不会注意其他人的感受。另外一些人刚好相反，他们非常关注别人的感受，非常懂得如何取悦别人，别人有三分成绩就用六分言词夸奖，言过其实，从而让别人产生傲慢之心，误导了别人的自我认识。

我们的为人处世，要让身边人舒服，让他们愿意和你互动，同时也要不讨好不引诱别人，做到让身边人真正受益，让他们更好。

我们身边有很多简单又容易被忽视的利他，其实我们都能做得到。就像很多厨师为了让菜吃起来口味好而放了很多调料，但这可能对食客的健康不利，避免这样做就是利他。

个人主义和英雄主义强调"我是重要的"，如果能为别人带去利益，那么也是可行的，如果只强调自我，就是利己主义。比如在

我发现我自己：心的底层操作系统

需要团队配合的运动比赛中，个人主义者只是自己能力很强，不懂得如何与团队配合。企业里也有这样的人，只关注自己的业绩，只把自己的业绩做好，不懂得带新人，也不愿意教新人，这样的人最多只是一个强兵，做不了领导者。我相信这些人内心当中也希望身边人好，但不能只有利他之心没有利他之行。

做到利他，就需要我们心的刻度足够细，能够觉察到自己的言行是否在做利他的事，时刻警惕潜意识中的利己之心。

五　自利利他

利他的对立面就是自利，也许用"对立面"不太贴切，用"另一面"更精准。自利和利他是事物的两面，无法分割。

自利和利他都有一个"利"字，

读书人追求学业有成；商人追求日进斗金；做官的人追求步步高升；修行的人追求开悟，追求什么，什么就是"利"，自利的利。首先，我们不要把自利当成洪水猛兽，觉得自利就是自私。自利和自私有本质的区别，自利以不伤害别人的利益为前提，自私是只想着自己不顾别人死活。每个人工作挣钱维持生活，不伤害别人的利益，这是自利。自私是得到自己的那一份工资还要拿了别人的工资，损害了别人的利益。

自利甚至自私都是人的本性。我们常听到有人说，小孩子自私是不用教的，生下来就会，看到别的小朋友玩具好玩就要去拿，别人不给就抢，抢不到就哭、就打人。有些人，终其一生只停留在这个阶段，从出生到去世都只想着怎么为自己争取利益。企业里很多

我发现我自己：心的底层操作系统

人的意识就是，你们怎么干我不管，只要我的工资不少就行，如果有机会就为自己再争取一些。一个纯粹利己的人能做到自保，但他的格局和胸怀吸引不到人才，如果他创业不会有人愿意成为他的合伙人，如果当主管也不会有下属愿意跟随，他最多能当一名强兵。

如果你愿意放下自己去成全别人或为别人的利益着想，那么你就到了既能利己又能利他的阶段，通俗讲就是能够做到双赢，或者至少行为上自利，但心里愿意利他。特别是做销售的人，很多销售人员没有胆量向客户推荐产品，是因为他们只想着把东西卖给客户，自己好获得提成，这种纯粹利己的行为，让他们没有力量。如果转一下念，想着应该怎么去帮助客户，并付出行动，一方面自己会有使不完的力量和热情，另一方面客户也会收到你的真心，成交的概率反而大了很多。这样既帮客户解决了问题，自己也有了收获。

为了帮助更多的人，就要更好地自利，自利和利他才能形成一个闭环。只想着纯粹利他而没有自利，在企业经营中是行不通的。以前生活比较艰难的时候，有些人在儿女、父母生病的时候照顾他们吃药、休养，但自己生病的时候却不当回事，认为忍忍就没事了，长久下来积劳成疾，也就无法再利他了。所以，只有照顾好自己，才能更好地利他，利己也就是利他。

并非只有大富大贵才能利他，任何时候都可以量力而行，穿戴整洁，语言得体，付出劳动，展露微笑……都是利他行为。当我们

第五章 向你的操作系统输入什么

开始有意识地这么做，慢慢就能让心的刻度越来越细，人际关系越来越好，自己的内心也会更加充盈和愉悦，为我们以后做更多更大的利他之举做准备。

成功的人，都常怀利他之心。日本"经营之圣"稻盛和夫曾在一次演讲中提到"利他之心"的重要意义，他以日本航空的重建为中心，同时以自己长达半个世纪的企业经营经验为例，说明"利他之心"在企业经营中的重要价值。稻盛和夫先生说："以'利他之心'经营企业，是超越行业、超越国界的'真理'。"华为公司的创始人任正非生活朴素，不设专车，吃饭、看病一样排队，"财散则人聚，财聚则人散"，当很多公司还在想尽办法通过压榨、苛刻员工营利的时候，华为已经开始向广大员工敞开怀抱，分享公司利润了。结果不但公司利润没有因此下降，反而发展越来越快。这就做到了双赢，让别人赢，自己也赢，自己赢的同时想着如何更好地让更多人能赢。

只有纯粹的利他之心，没有很好的经济基础和修行道行，对普通人来说就是自我毁灭。纯粹利己不可取，纯粹利他亦不可取，首先要做到自利，要相信"我是重要的"，但要明确自利的目的是为了更好地利他，如此心性可以提升，事业可以成功。告诉自己要锻炼出健康的身体去照顾身边人，而不让身边人为我担心；告诉自己要赚更多的钱给家人带去安稳；告诉自己要提升自己的能力帮客户解决更多问题。

我发现我自己：心的底层操作系统

六　向一切无条件敞开

昂首立山巅，喝一口水，敞开胸怀，把十万大山抱起来！

我有两个儿子，大的陪伴了我8年，小的陪伴了我5年，从出生哇哇哭，到慢慢能够听懂大人的表达，会笑会配合会走路，过程都是一样的。我想这个过程不但我两个儿子是一样的，所有的孩子都应该是一样的。他们天真可爱，你说什么他们就相信什么；你做什么他们就看什么；你逗他就咯咯笑，你凶他就哭；他想要什么直接就拿，不会觉得不好意思；他不开心了可能会打人，而且理直气壮。他笑、哭、抢、打都很真实，不会装也不会藏，一切都自然而然，他们的心是无条件向世界敞开的，你教什么他们就学什么，你怎么做他们也跟着怎么做。随着成长，孩子逐渐懂得察言观色，他的心就慢慢关起来了，做了错事会撒谎，看见陌生人会害怕，甚至学会了取悦父母。孩子很小的时候想要什么东西直接就拿，拿不到就哭，长大一些后变成想要什么不直接说，因为想到父母不一定会给，所以就绕一个大圈来达到自己的目的，孩子的心已不再全然打

第五章　向你的操作系统输入什么

开，或者这可以理解成自我保护或适合环境的做法吧！

生命本来的状态是打开的，但体验过出丑，要求被拒绝，说真话被批评以后，就明白了与人相处和自我保护之道，于是心也不再敞开，开始包裹和防御，天性慢慢退却，真我慢慢消失，换来的是生存之道和生活技巧。

鲁迅先生笔下的闰土就是一个很好的例子，少年闰土朴实、健康、活泼、机灵、勇敢，给文中的"我"讲看瓜刺猹、雪地捕鸟、海边拾贝、看跳鱼儿，可长大后的闰土成为一个地地道道的农村汉子，每天下地干活，还要想着怎样才能维持一家人的生计，人也变得世故，小时候和"我"无话不谈，长大后却连话都不敢说了。当成年闰土畏畏缩缩地叫了"我"一声"老爷"，"我"的内心感到无比悲凉，知道自己彻底失去了一个朋友。

成年人有生活的压力，职场的压力，家庭的压力，上有老也有领导，下有小也有下属；也许为了一个订单要和客户说很多违心的话，为了父母不为自己操心，报喜不报忧；为了一个职位，做一些不愿意做的事；为了证明自己也活得很好，还得要装腔作势。也正因为此，对领导敢怒不敢言，对职场小人忍气吞声，对看不惯的行为装聋作哑，我们的心一直在隐藏、伪装、凝固和封闭，自以为这样就可以自我保护，殊不知我们的心因此千疮百孔，我们的执念、痛苦和烦恼也由此而生。

我发现我自己：心的底层操作系统

我们为了保护自己来给心上锁，认为自己隐藏和伪装得很好，但不知道的是外人早就一眼把我们看穿了。为什么我们很难做到把心敞开？因为敞开心就会有面临风险、丢脸、损失的可能性，就意味着你把最脆弱的一面毫无保留地展示出来，"怕"正是根源所在。我们的这颗心就是我们的房间，如果常年不打扫，不见光，就会有很多灰尘，空气污染，外人一看门上有锁，而且有很多把锁，就知道里面不会有鲜花和阳光。尼采说，不要相信任何不是产生于户外空旷之地的思想，不要相信任何不是随着身体自由活动的思想。

怕被批判就不会敞开，怕别人看穿就不会敞开，为了向别人证明什么也不会敞开。敞开就是把门无条件打开，敞开是直接的，不是为某个人敞开，而是它一直处于"开"的状态，自然而然。

有一次我和一个合伙人去江西上饶一个叫伴山火堂的地方谈事情，火堂开在森林公园里面，可能因为位置比较偏，中午11点左右除了我俩，还没有其他客人。进门以后，一股暖气迎面扑来，服务员热情地招待我俩，告诉我们脱了鞋不用穿拖鞋，直接进去就可以。我们脱下鞋子，脚落到地上感觉暖暖的，这里既开了空调也开了地暖。

聊天的时候，我就说这里的老板心是敞开的。因为当时店里没有客人，老板也不知道今天有没有客人会来，空调和地暖却开到舒服的温度，他不是为了某个人而开，但每个到来的人就能享受到最

第五章 向你的操作系统输入什么

好的环境。这就是敞开,就是无条件的打开状态。我喜欢健身,不少健身房一到非营业时间,不管还有没有人,马上停止空调供应;也有很多饭店,只等到客人上门才打开空调,这是有条件的敞开,非常商业和现实,客户体验度就不好。

如果你是一位企业管理者,就要向你的下属敞开心扉,做到极度透明和极度求真,只有这样,下属或同事才会认为你是稳定且干净的人。总是藏着掖着,无法让身边人了解你,给人感觉你总留有一手,那么大家就会觉得你不好相处,很难和你交心,神秘对他们来说就代表着危险。

敞开并不代表要把心里所有的秘密主动告诉别人,这种"开"的状态,是被动的不是主动的。在别人询问你的时候,能够做到知无不言言无不尽,不添油加醋,不有所保留,会受到大家的喜欢。但如果你的敞开是主动的,主动言无不尽,这是非常可怕的,你将成为一个"大嘴巴"。

我们会因为自己做错事,心有不安而自责,一方面消耗自己的能量,另一方面给自己找理由以降低自责感,越找理由就越是包裹,直到做错事不再内疚麻木为止;我们错过了一次很好的机会,内心产生损失感而后悔不已;我们面对别人的指责甚至是辱骂,青筋爆出予以回击。这些都是消耗我们能量的"蚂蟥",是烦恼的"种子",面对它们最好的办法就是敞开,要有直面暴风雨的勇

我发现我自己：心的底层操作系统

气，以有则改之无则加勉的态度面对。

　　箭可以穿透盾牌，刀可以砍碎石头，剑可以劈开盔甲，但它们做不到破坏水，我们要像水一样，被失败打击，被困难折磨，被别人嘲笑，依然能够恢复如初，向失败敞开，向困难敞开，向嘲笑敞开，也向成功敞开。

第五章 向你的操作系统输入什么

七　做事和说事

　　10个人在一起并不一定就形成团队，从中挑选出三四个人作为核心成员，剩余的人作为第二梯队，这样就成为有主次和轻重的团队，对稳定和决策反而有更大的帮助。

　　组建一个好的团队，首先必须要筛选成员，就好像是把刀就可以切菜，但要砍骨头，必须要选一把适合的好刀，团队的领导者一定要懂得识人和用人。

　　人们常说"有才有德的人是极品，无才有德的人是次品，有才无德的人是毒品，无才无德的人是废品"，创业团队核心成员一定得是极品，最差也得是次品，特殊情况下可能还要用一用毒品，但什么情况下都不能用废品。道理很简单，但在运用上往往会产生很多问题。初创期组建团队找同学、朋友或亲戚，从概率上讲这就已经奠定了创业失败的基础，一开始就已经错了，过程中再怎么努力都是白费。

　　我们得承认每个人的能力各不相同，有些人具备动手能力，也

我发现我自己：心的底层操作系统

就是做事的能力强，有些人具备动口能力，也就是说事的能力强。做事能力很强的人，可以办成大家办不成的事，做到大家做不到的事；说事能力很强的人，能看到大家看不到的，想到大家想不到的，但要他具体落地执行时却束手无策。培养一个说事能力强的人去做事或者培养一个做事能力强的人去说事都很难，而且需要一个比较长的周期。

团队建设和用人的原则是先让成员的能力和相应的岗位匹配，再培养他不具备的能力，如果反过来的话，用人单位痛苦，被用的人也痛苦。同时具备做事和说事能力的人少之又少，可遇不可求，可称为"人物"；两种能力都强但还是有长短，这类人可以称得上是人才，可这类人会有一个通病，就是高估自己的实力，自认为可以胜任，但就是不去实践；还有一类人是两种能力都不强，但他们并不认为自己不行，反而觉得两方面都擅长，只是别人没有发现而已。

以前通信不发达，生存压力大，人们受教育少，大部分的人做事能力远远大于说事能力，现在是信息大爆炸的年代，生存问题得到了很好解决，多数人接受过良好的教育，做事能力慢慢退化，说事能力逐渐加强。做事会遇到挫折、痛苦甚至是风险，而说事没有成本和风险，于是愿意投入时间和精力专心做一件事的人变得少之又少。

在团队当中，真正的领导者需要同时具备做事和说事的能力，

226

第五章 向你的操作系统输入什么

做事能力起身先士卒的带头作用，说事能力起激励和动员的作用。团队里成员都既能说也既能做，从理论上讲是最好的，但在实际当中，并不一定好，因为让两匹千里马在同一个马厩里吃草不是明智之举。经过12年的培训生涯，我越发觉得选人先于培养人，只有在岗位匹配的基础上再给他培训才会有效。岗位不同，层级不同，所需的做事和说事的能力不同，要砍掉"高层的手脚、中层的屁股、基层的脑袋"。基层需要的是做事能力；中层既需要做事能力也需要说事能力，但更偏重做事能力，中层是黏合高层和基层的双面胶，有上传下达的作用；高层更需要说事的能力。不过这仅仅限于成熟企业，如果是创业型企业，没有非常明显的高中基层之分，要求大部分人都同时具备说事和做事的能力，因为创业团队的成员多是身兼多职，没有明确分工。

做事能力和说事能力具备其一的人，往往会只关注自己具备的一面。比如，说事能力强的人往往能提出很多好的观点和高的要求，这个时候做事能力强的人会说："你说这些是想谁来做？别只光说不练。"接下来双方就会争论甚至争吵，最后不欢而散。过了一段时间，业绩不理想，说事的那个人就会说："你看我当时就说过要调整，大家都不听，现在被我说中了吧？"说事能力强的人只关注"说"这个动作，不关注"做"，其焦点是把自己的观点完整说出来并得到大家的认同；做事能力强的人只关注"做"这个动

我发现我自己：心的底层操作系统

作，不会想着怎么去表达，但往往会对说事能力强的人存有本能的抵触心理。

如果你是企业领导者，你必须得明白自己领导的是什么样的人，他们有什么样的特性。说事的人只管说，做事的人只管做，想要他们能够相互理解并学习，没有一定的机缘很难做到，作为领导者就要分析是否有必要让他们去学，在什么时机去学，用什么方式去学，还要能在他们发生矛盾的时候知道如何协调。

在任何一个团队里，都存在做事和说事两类人，这两类人往往意见相左，特别是在创业前期，如果不能把他们之间的矛盾控制在一个范围内，将很有可能瓦解团队。这个时候核心领导者不能站在任何一方和另一方对话，否则团队的天平将失去平衡。

做事和说事难以两全，做事的人需要说事的人的理论和理想来支撑，才可以做有未来的事，做正确的事；说事的人需要以做事的人的实际作为为基础，才可以说得实际。

八　对一切保持平等心

有一位禅师问一个人："你现在看面前的三根蜡烛，哪根最亮？"

那人说："都一样亮呀，看不出哪根最亮。"

禅师接着说："你现在拿一根蜡烛，放在你的眼前，用心看哪根最亮。"

那人尝试后说："当然是放在眼前的这根最亮了。"

禅师说："你现在把它放回原处，再仔细看看三根蜡烛哪根最亮？"

那人说："放回去后，亮度都一样，基本看不出哪根最亮了。"

这个故事寓意很深，可以解释很多问题，今天就拿它来说说平等心。我们有爱恨情仇，这是因为我们眼前的蜡烛有了顺序或前后，就衍生出很多情绪，比如羡慕、烦恼、痛苦……在生活中，我们总是羡慕别人的车，别人的房子，如果把车子、房子比作蜡烛，就是把它们放在了眼前，我们觉得它们是最亮的，而意识不到其他

我发现我自己：心的底层操作系统

的蜡烛也一样亮。

有一次有个邻居来我家串门，他们夫妻和我爸妈差不多年纪，我爸妈表达了羡慕之情："还是你们家好，造了新房子很是气派，儿子也成家生了孙子孙女。"邻居就马上否定说："哪里哪里，还是你们家好啊，你们每个月可以拿失地保险一直到老。"我爸妈和邻居一来一去相互表达羡慕之情，我在一边哈哈大笑，说："那这样吧，换一换，你们把房子给我爸妈，我爸妈把每个月领的钱给你们，好不好？"他们双方都表示同意。

这样的对话，在我们生活当中随处可见，我们总是看轻自己拥有的，看高别人拥有的，自己努力得到的东西，我们会觉得也不过如此，所以一直处在"努力—得到—不珍惜—换一个目标再努力—再得到—再不珍惜"或"努力—得不到—再努力—再得不到—痛苦"的循环中。

很多企业家盲目扩张，导致资金链断裂破产倒闭。盲目扩张是没有准备好的"求子心切"，这个"子"是面子、形象、地位……也许是他想享受成功的辉煌，也许是为了自我证明，却走上了不归路。对于风险没有敬畏之心，对成功反而有贪婪之意，没有平等心就看不到客观事实，小看了风险和阻力，高看了自己的实力和能力，最后想要的没有得到，不想要的却发生了，痛苦、烦恼就产生了。

对事物过度关注或过度轻视，都是失去平等心的表现，太在乎

第五章 向你的操作系统输入什么

金钱就会被金钱所困，太在乎某个人也会被某个人所困，有句话说"你在乎的那个人本是凡人，是你的眼光给他镀了金身"。热恋期的男女和"蜜月期"的上下级或合伙人，都认为对方是这个世界上最好的而看不见对方的缺点，蜜月期一过缺点凸显，看不到优点，从一个极端到了另一个极端。

没有平等心，就会有强烈的喜恶感和用有色眼镜看人，打破了平等心就会产生新标准，这个标准是自己建立的，符合这个标准自己会喜欢，不符合这个标准就会排斥。一旦产生这个标准就又会陷入想要维持这个标准而不得的烦恼，就好像女人会买各式各样的化妆品甚至是整容来维持自己的颜值，一旦维持不了就会产生烦恼。

有一个故事，说印度的一个国王造了一张床，床的长度是按印度国民的平均身高设定的，国王很喜欢这张华丽的床。一天，国王叫一个士兵来睡那张床，结果士兵的身体比床长了一节，国王很不高兴，叫人把士兵长的那节砍掉了。第二天，国王叫另一个士兵来睡那张床，这个士兵的身体又比床短了一节，国王于是叫人一起拉士兵的头和脚，要一直拉到和床一样长为止。

人失了平等心，就会产生分别心，分别心就是我们心里的一把尺，我们会用这把尺去衡量长短、轻重、美丑、高矮胖瘦，衡量来衡量去，往往痛苦的是自己，因为别人并不会因为你的标准而改变或烦恼。你恨一个人，那个人并不会因为你恨他就生活得不好，反而是

我发现我自己：心的底层操作系统

你自己生活在仇恨之中。分别心重的人不会让别人喜欢，比如很多人吃饭的时候用筷子东挑西选，把整盘菜都夹了个遍，这样做是分别心重，又不利他，又不卫生，别人对此人的评价就是素质不高。

平等心并不是让我们对一切保持平等，对一切都"一刀切"，真正的平等心是对一切都不执着，活得自在优雅。在企业里也是如此，保持热情和精进，到了什么程度做什么事，不急于求成也不当一天和尚撞一天钟，能够做到这样就能享受工作带来的乐趣，享受物质带来的丰盛，不会为了所谓的面子或地位而盲目扩张。

所谓生亦何欢，死亦何苦，第一次听到这句话的时候，我觉得特别消极，后来慢慢明白，原来这才是平等心，活的时候好好活，死的时候也逃避不了，不执着于生也不执着于死，这样既活在当下，对生死又是平等心，就能自在。活的时候想着怎么能不死，死的时候想着还没活好，还没活够，最后是活的时候没活好，死的时候就后悔。佛祖说过，如果我们要渡河，就要坐船过去，所以我们精心打造了一艘船，过了河以后还要把船背在身上吗？我相信这个时候哪怕船再好，你也肯定不会背着它了。平等心就是一切为我所用，但又不执着于一切，同时也要对一切心怀感恩和珍惜，钱和权都是我们获得快乐的工具，它们就像船一样，帮助我们达到彼岸，而若我们执着于船有多大多豪华，就忘记了去到彼岸的快乐。

平等心是要求我们怀着恭敬之心，同时又不执着，不能带着悲

第五章　向你的操作系统输入什么

观或负面的情绪对待一切。对一样事物过度乐观和悲观都不是平等心，而是统一的分别心，我们要用平等心对待让我们开心和伤心的事，不沉浸在开心的事里，也不渲染伤心的事。

打坐是一个训练平等心的好方法。对有打坐基础的人来说，打坐时的愉悦感是一种享受；对从未有过打坐经验的人来说，一直盘腿会产生酸胀麻痛的感觉，很难坚持。当我们训练自己平等心的时候，就要告诉自己不能因为产生了愉悦感而执着于打坐，也不能因为脚痛而放弃，对愉悦和痛要保持平等心，你的心不能被它们拉扯，要做到对愉悦不产生欢喜，对疼痛不产生排斥，这样就能从打坐五分钟到十分钟然后慢慢延长时间。如果你能在打坐时保持这种平等心，那么在日常生活中，就能做到对讨厌的人和喜欢的人保持平等心，这对带团队和为人处事都有益处。

我发现我自己：心的底层操作系统

九　诸行无常

小时候总觉得时间过得很慢，身边的环境都是固定的，长大以后发现身边的人事物都发生了很多变化，长辈慢慢老去，楼房新建，结婚生子，朋友离去，知己到来，事业有成……一切都以肉眼可见的速度在变化。但人们都希望昨天赚了一百，今天也可以赚一百，明天可以赚更多，都在以不同的方式追求"稳定性"。想想我的大学同学普遍都在稳定地生活，最有代表性的一个同学在4S店管理配件六七年，工资稳定上涨，每天的工作内容固定不变，用他自己的话说就是一眼可以望到头。这在老一辈人的观念中是非常好的工作，他们认为稳定才是硬道理。其实对年轻人来讲，有变动才会有机会，想成就事业的年轻人一定要拥抱变化，因为变化就等于机会。

佛说无常，简单讲就是变化，无常是一种规律，就像四季循环一样，不是我们想就来，不想就不来。大部分人都在追求稳定，那追求稳定的原因是什么呢？因为稳定就代表可控，可被预测，有安全感。但我们必须要适应规律，要做适应无常的事，要适应变化，唯有如此才获得真正意义上的安全感。追求固定不变的人生就像鸵鸟把头埋进沙子寻求安全一样。

2019年4月15日下午6点50分左右，法国巴黎圣母院发生火灾，整座建筑损毁严重，拥有850多年历史的圣母院，也是巴黎最具代表性的古迹，被大火吞噬。看到这条消息的时候，我就把链接发到了我们创造合伙人的群里，并附上文字说——无常，无常。无常代表了变化，有变化就有新生和毁灭，没有什么是恒常不变的。

作为企业家一定要懂得这个规律或道理，并将之运用于企业的经营之中。企业家顺应时代的发展，企业就能屹立不倒，时时刻刻活在冒险之中，最危险的地方就是最安全的地方。我从事培训十多年，见过很多企业和企业家，再结合自身的创业经历，认识到企业要想良性发展，必需活在冒险之中，现在的跨界创新谁都想不到自己的真正竞争对手是谁，比如邮局遇上了顺丰；银行遇上了支付宝；通信遇上了微信；商场遇上了淘宝。

企业的发展就是无常的，特别是行业龙头，因为发展的路有千万条，并不知道哪条是正确的，只能顺应企业、客户需要和社会发展，摸着石头过河。"摸"就代表不明确，没有把握，就是无常。顺应无常就是活在冒险和自我革命之中，要有面对不确定和失败的勇气。

我发现我自己：心的底层操作系统

十　从无到有再到无

这是本书最后一段，内容不太好理解，但很实用，将告诉大家一些规律以及我们应该如何看待自己和人生。

"无"的意思是没有或不会，每一个人都是从这个"没有"开始的，每一样技术也都是从"不会"开始的。每个人生来都是一个"适配器"，没有什么技能也没有什么想法，出生在不同家庭就会被"安装"不同的技能和思想，有的安装得多，有的安装得少，有的安装得好，有的安装得不太好。总体来讲，人受环境影响很大，自己很难有选择权，特别是小时候，我们无法分辨自己是不是想要，也无法区别好坏，只能跟着学，被"安装"。

学的时候，我们还得特别专心。比如刚开始学开车的时候，分不清离合器、油门和刹车，需要教练细心讲解，亲自演示，你则要不断实践练习，还要和同学交流探讨，稍有不注意就会忘记系上安全带，稍有不慎车子就会熄火，遇到紧急情况又会手忙脚乱，把油门当成刹车也时有发生。最后考到驾照，买了车，又发现自己原来还是不大会开车,还得适应从教练车到自家车,从手动挡到自动挡,从一个品牌车到另一个品牌车的差异。很长一段时间后你才能做到人车合一,自在从容。

这就是一个"从无到有再到无"的过程,刚开始的"无"代表不会开车,学会开车,就"有"了,最后非常熟练的时候,已经不是我们在开车,是潜意识在开车,甚至我们可以一边想问题一边开车,又回到了"无"的状态。第一个"无"是什么都没有、什么都不会的状态,这个时候需要刻意训练和学习,是表意识在操作;第二个"无"是什么都有、什么都会的状态,是潜意识在操作。

这是一个过程,也是一个规律,既然是规律就可以运用到不同的场合当中,如果违反这个规律将有不良后果。所以刚学会开车的人,如果要证明自己的技术和老司机一样好,就会发生交通事故。有句话"连走都不会走,就想着跑",说的道理其实很简单,但简单并不代表每个人都愿意遵守,这是我们要特别警惕的。

生活中,我们可能会听到有一些人说"我已经对金钱看得很淡了""我已经不再追求名利了",其实说这些话的人往往是没有获得金钱和名利的人。对我们来讲,不要轻易说看淡或看透,这样反而往往会走入消极的误区,真正的高人说的看淡是不被这些事物困扰,可以挣脱它们的束缚,而我们说看淡往往是出于排斥、否定和得不到的酸葡萄心理。特别是做企业的人,一定不能轻易说看淡了

我发现我自己：心的底层操作系统

金钱、看透了人生，这对企业发展是非常不利的。每个企业都有员工，每个员工又有家庭，你的看淡就是对企业和员工不负责，企业家一定要具备"有"的观念。

网络上有一个关于马云的视频非常火，他说他不喜欢钱，从来没有碰过钱。有人做过一个计算，每天中500万，需要多久可以像马云一样有钱，答案大概是141年。这么多的钱已经只是数字了。最后马云说钱不是他的，是社会的，说的没错。马云从每月工资91块钱的老师到创立阿里巴巴，再到卸任阿里巴巴CEO退到幕后，正是从无到有再到无的过程。

什么样的人最怕死？高晓松在一个节目中这样问一位做临终关怀的嘉宾，嘉宾回答说，没有充分活过的人最怕死。没有充分活过的人，他从生到死都是"无"，怎么能不害怕？1529年1月的一个清晨，赣江边停泊的一条船上，王阳明坐起身来，对弟子说："吾去矣。"弟子泪落如雨，问："有何遗言？"王阳明展颜一笑，只说："此心光明，亦复何言！"王阳明上马能杀贼，下马是大儒，是真正的大成就者，他能笑着对死亡说"此心光明，亦复何言"，没有真正的功夫，是做不到的。

所以，如果你是企业主，就好好经营企业；如果你是技术工，就好好研究技术；如果你是歌唱家，就好好歌唱。让自己物质充足、精神丰盛，做到物质和精神双丰收，最后才能安然离开这个世界。